WHO'S THE SCATMAN?

Jeff Chi
Who's the Scatman?

erscheint bei Zwerchfell GbR Dinter & Tauber,
Reinsburgstr. 66, 70178 Stuttgart
Redaktion: Christopher Tauber & Stefan Dinter
Lektorat: Kenneth Hujer
Buchgestaltung: Stefan Dinter

ISBN-978-3-943547-62-7
www.zwerchfell.de

Dieses Vorhaben wurde im Rahmen des Stipendienprogramms des Freistaats Bayern Junge Kunst und neue Wege unterstützt.

Bayerisches Staatsministerium für
Wissenschaft und Kunst

Jeff Chi

WHO'S THE SCATMAN?

Meine Damen und Herren: Stefan Raab!

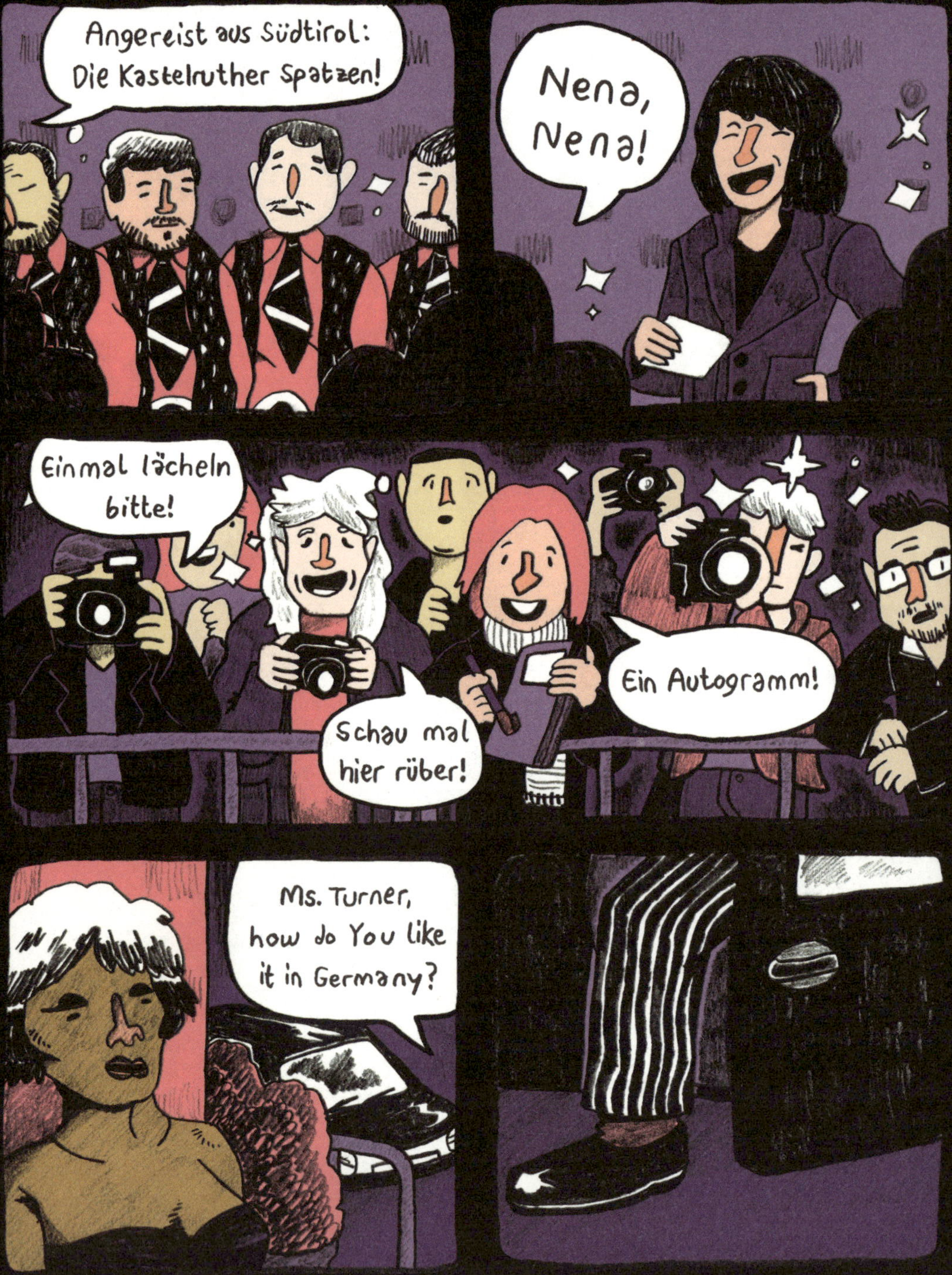

Angereist aus Südtirol: Die Kastelruther Spatzen!

Nena, Nena!

Einmal lächeln bitte!

Schau mal hier rüber!

Ein Autogramm!

D-D-Der…

I. THE MISFIT

D-D-Das...

1950, EL MONTE, KALIFORNIEN
D-D-Der...

D-D-Das...
D... Das...

A... A-Also...

D-D-Der...

Ddddder...

John, ich glaube, das reicht.

Möchte jemand anderes eine Nachricht des Tages vortragen?

Linda, was ist mit dir?

Hahaha!
Hehe!

H-H-Hey J-J-John!!

J-J-Johnny
Boy!!
W-W-Was
gibt's N-N-Neues?

Wo-Wo-Wohin
geht's Sto-Sto-
Stotter-Johnny?
Vvvvwverstehst d-d-du
uns nicht? Wir sp-sp-sprechen
doch d-d-deine
Spra –

Ihr vvvv...

Ihr v-v-ver-dammten Mi-Mist-kerle!!!

Verflucht, du bist ja wirklich total krank!

JOHN!!!

John!
Du elender Bengel!

John!!!

Bist du jetzt komplett verrückt geworden?!
Was ist passiert?!

I-I-Ich...
Ce-Cecilio u-u-und...

Oherrgott John, spuck es aus!!!

Da-Da-Dad, I... I... Ich...

Ich halte es nicht mehr aus! O denk ja nicht, dass Gott dich schon genug gestraft hätte!
Ich werde die Worte schon noch aus dir herausholen!

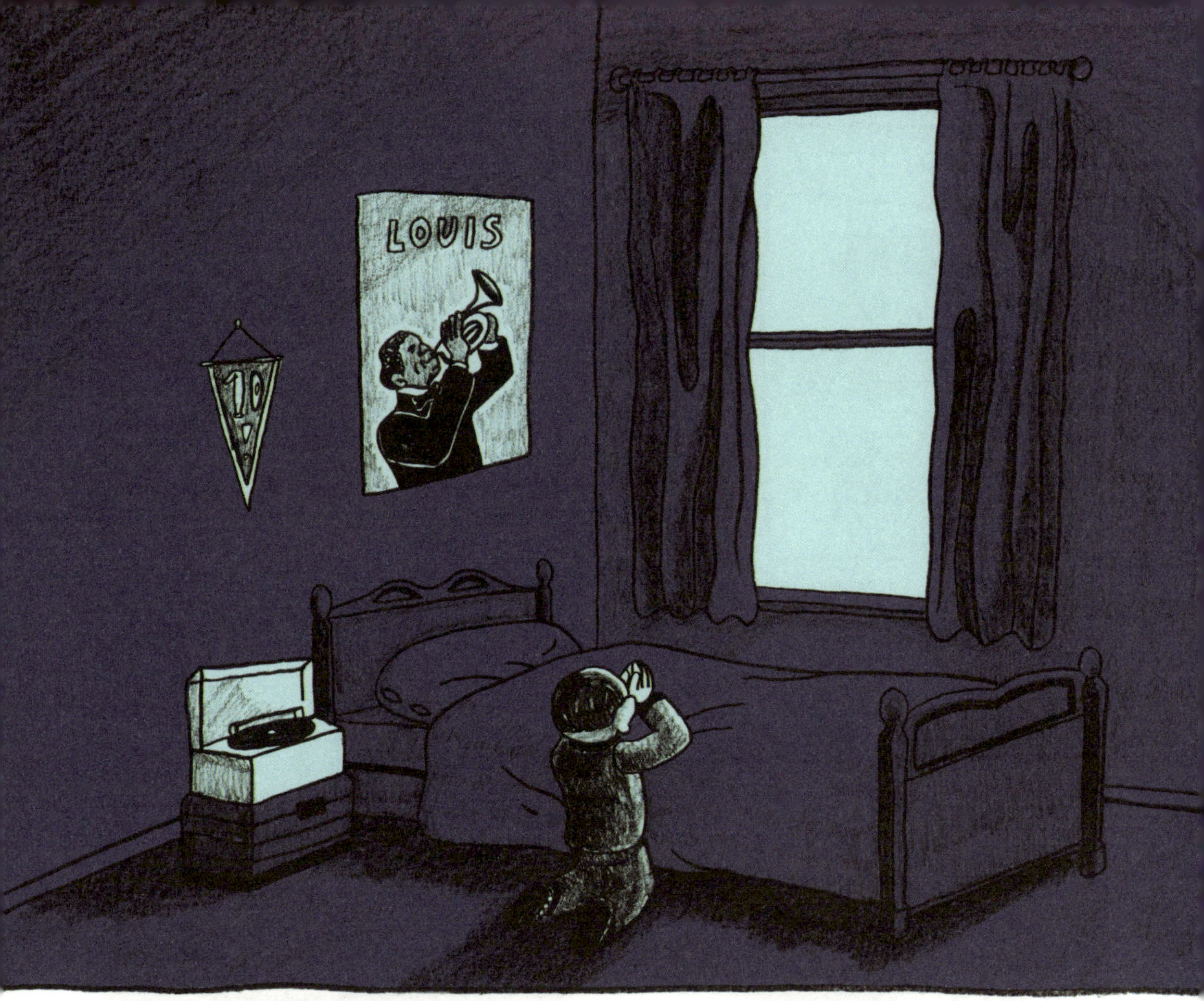

LOUIS

Lieber G-G-Gott
wa... warum stottere ich?

Mo-Mo-Mommy…
Warum muss ich so sein?

CALIFORNIA
KLOPF
KLOPF

Möchtest du mit deinem Bruder und mir musizieren?

♫ How High The Moon (Morgan Lewis, Nancy Hamilton)

There is no moon above when love is far away, too

Till it comes true
That you love me as I love you

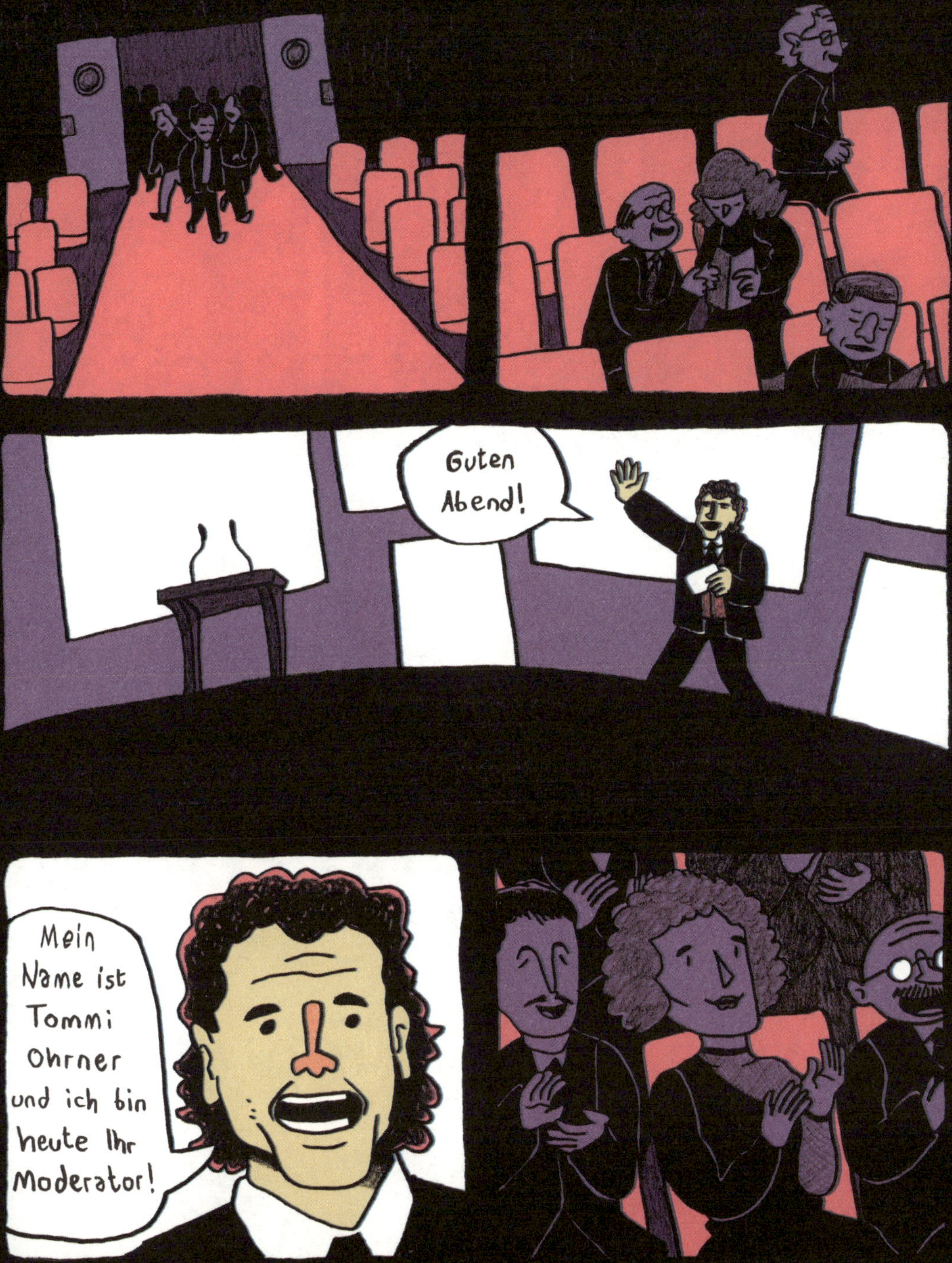

Guten Abend!

1978, LOS ANGELES
Danke.

Nicht schlecht, ihr Spaßvögel. Aber vielleicht nächstes Mal paar mehr Klassiker.

Das ist nicht New York hier.
Die Leute wollen Satchmo hören und Bix.

H-H-Hey, wir ha-ha-hatten gesagt, a-a-alle kriegen das G-G-G-Gleiche!!!

Hm, ich weiß nicht, John.
Ich muss ja auch noch singen.

Und Hank hier ist doch noch 'ne Nummer größer als du!

Fi-Fi-Fick dich, Ruben!

Is' schon gut.
Is' schon gut.

Chef, wir brauchen mal was zu trinken. Gib uns zwei Flaschen Whiskey.
Keine Angst, John, ich zahle.
Hahaha!

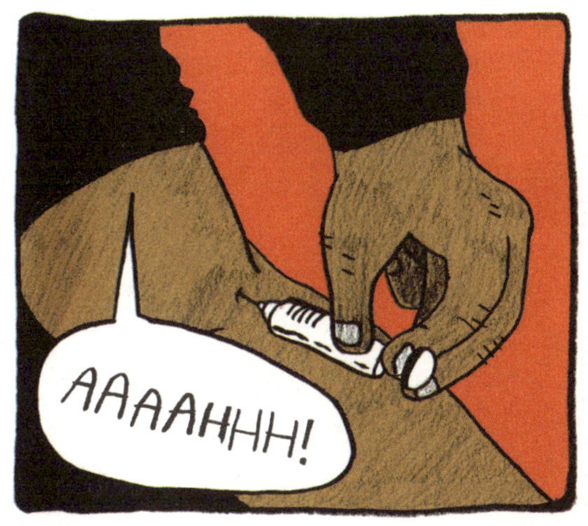
AAAAHHH!

Oh Baby, ja!
Das ist das Leben!

Ein Hundeleben, aber das Leben!

Skub Ba-Du

Skubadop
Bopdop

SKIBBEDI SKIBBEDI SKA-BABAYEAYYY

. . .
... warum machst'n das nie live?

... i-is' nur zum Kla-Kla-Klavier üben...

Oah ich bin gut drauf, Jungs!

Wer kommt noch mit zu Morton's?!

...
...warum nicht.

O-O-Oh... Kö-Kö-Könnt ihr mmmmir vielleicht was p-p-pumpen?
Bin fast p-p-pleite...

Sorry John, das ganze Zeug heute war nicht billig!

O-O-Okay.

R-R-Ruft mich an, wwwenn's wieder einen G-G-Gig gibt...

BENE'S
Georg Simon's

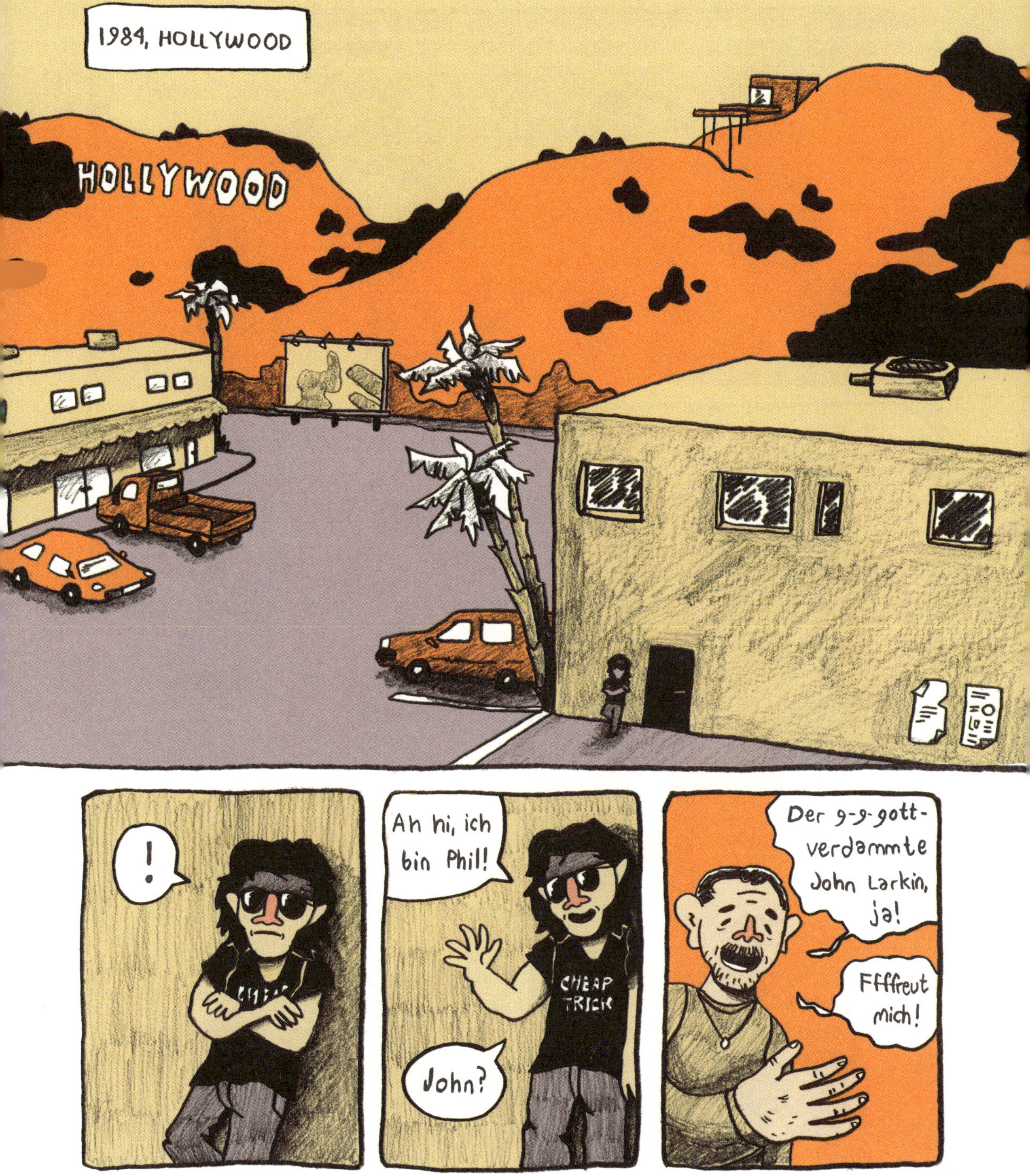

1984, HOLLYWOOD

Alles ganz neue Technik!

Ich hab' hier schon ein paar geile Platten aufgenommen!

Brandneue Bandmaschinen!

Und hier:
Ein Fairlight CMI - richtig geiles Teil!

Ach, das alte Ding!
Das steht hier schon seit '72.
Aber ist ganz neu gestimmt.

Hey Johnny, wartest du vielleicht noch auf uns?

V-V-Verdammt, Bob, Clark, J-J-Joe!

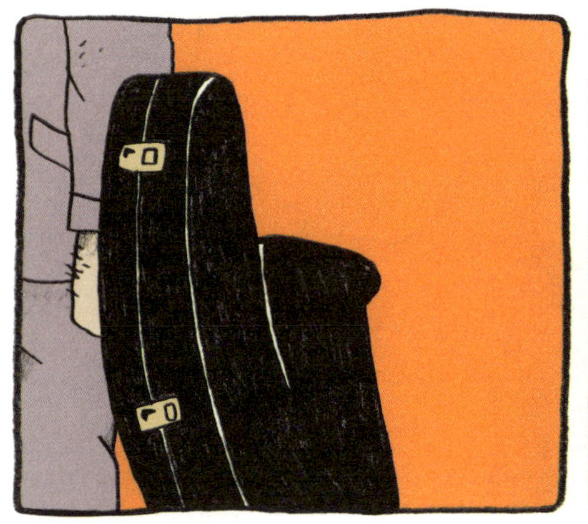

Joe? Joe Farrell? Wow, ich wusste gar nicht...

Ach ja... Ich will hier nur meinem alten Kollegen helfen, doch noch was aus sich zu machen.

Oh j-j-ja Jungs! Ihr sssseid meine Ho-Hot Three!!

Es war'n langer Weg von Manhattan!
Kriegt man hier 'nen guten Hot Dog?

Gleich um die Ecke ist'n super Diner. Ich bin übrigens Phil.
HEAP RICK

Ich hab' keinen Hunger.
Aber Phil, kannst du mir 125$ borgen?

Äh... was?
125$? Wofür?
CHEAP TRICK

Ach komm! Ein Jazzer, kurz vor 'ner Session, in LA – Wofür braucht der 125$?

...oh Scheiße, verdammt!
Echt jetzt?
John?
CHEAP TRICK

G-G-Gib's ihm! Wir wollen d-d-doch den llllegendären Joe Farrell hören, o-o-oder?!

Joe?
Joe?
Vielleicht ist er noch nicht zurück.

Oh ich wusste, dass das keine gute Idee ist!
CHEAT TRICK

Hey J-J-Joe!

Wa-AUTSCH!

Woah... Woah... Okay.
Ein Moment...

Jungs, ich weiß nicht...

Phhhhhil, g-g-geh in deinen Schuppen u-u-und schmeiß d-d-die Geräte an!

The Bird, Phily Jones, John Ffffucking Coltrane... Leute wwwwie wir bra-bra-brauchen das einfach!

Wuhu! Los geht's, Jungs!

SKIBBE-DI-DU,
SKIBBEDIBA
SKIBEDI
BABADI
YEA

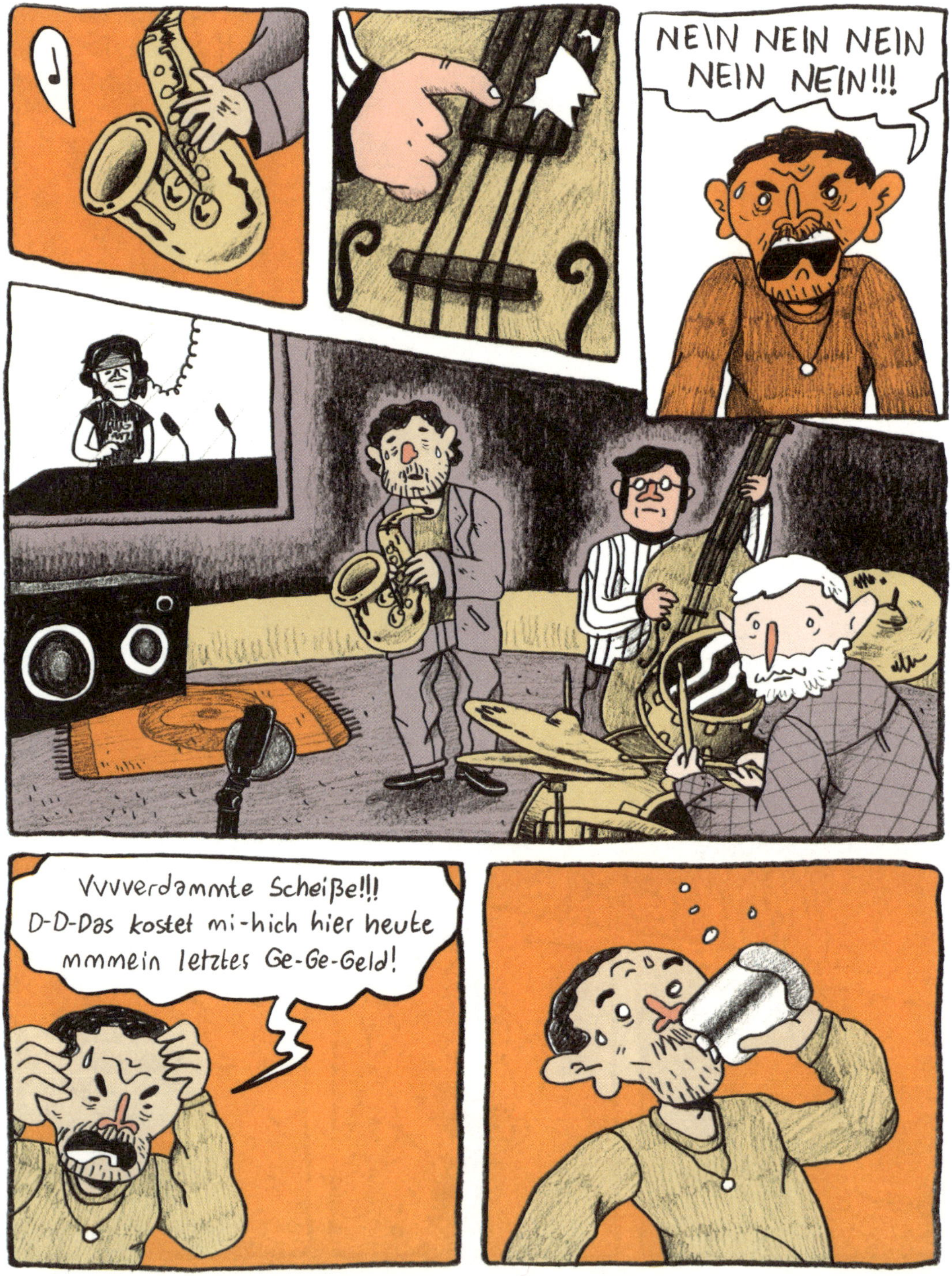

NEIN NEIN NEIN
NEIN NEIN!!!

D-D-Das muss heute
einfach g-g-gut werden!

D-D-Das ist...
D-D-Das ist
mmmeine
letzte
Chance
heute!!!

Okay Kumpel,
noch mal!

♫ John Larkin – The Misfit

Herzlichsten Dank!

Noch mal ein Applaus für: Die Doofen!

Und jetzt zur nächsten Kategorie...

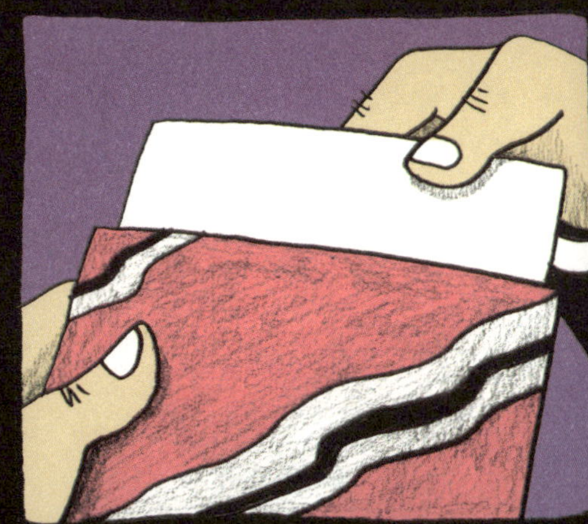

„The Misfit" ist der erste Song von sechs auf dem Album mit dem Namen „John Larkin". Die Musik ist roh und aggressiv, am ehesten als „Post-Bebop" einzuordnen.

Alle Musiker spielen technisch perfekt und auf einem hohen Niveau.

Bis auf den letzten Song sind alle Stücke von John Larkin selbst geschrieben, darunter auch eine Ode an sein Vorbild John Coltrane.

Mit etwas Glück kann man das Album auf Video-Streaming-Portalen finden.

Die Platte findet keinen Abnehmer. Sie erscheint 1986 in einer kleinen Auflage für Freunde und Verwandte. Im selben Jahr stirbt Joe Farrell an Blutkrebs und den Folgen seines ungesunden Lebensstils.

Das Album wird ihm gewidmet.

THIS ALBUM IS DEDICATED TO THE LIVING SPIRIT OF JOE FARRELL

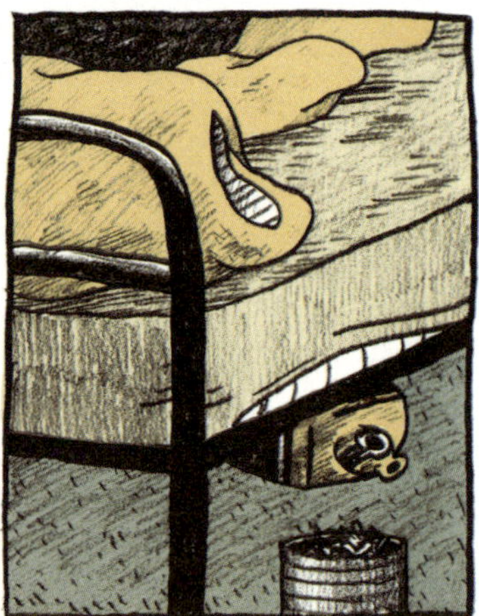

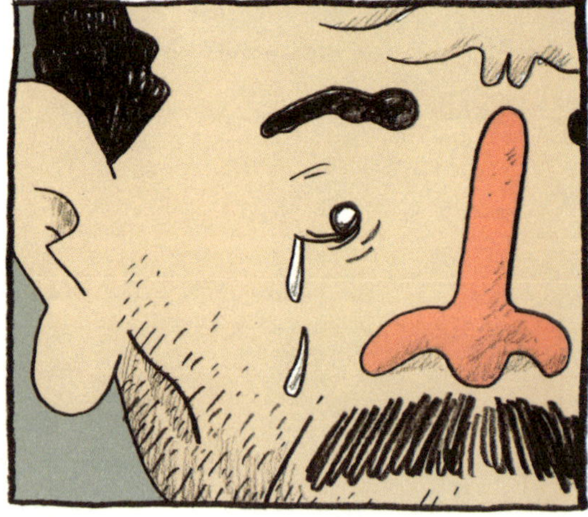

FFFFUCK!!!

THE WORLD WAS OURS
THE RESULTS WERE NOT
ONE MORE CHAPTER UNDERSTOOD
TO BRING US ONE STEP CLOSER
TO WHERE WE'VE ALWAYS BEEN
JOHN LARKIN
LAST NIGHT I DREAMED 5:50
LOVE CRY 7:39
THIS ALBUM IS DEDICATED TO THE
MORE OF THE MUSIC FROM THESE SESSIONS WILL BE RELEASE AT A FUTURE DATE
TRANSITION RECORDS

II. ON THE SUNNY SIDE OF THE STREET

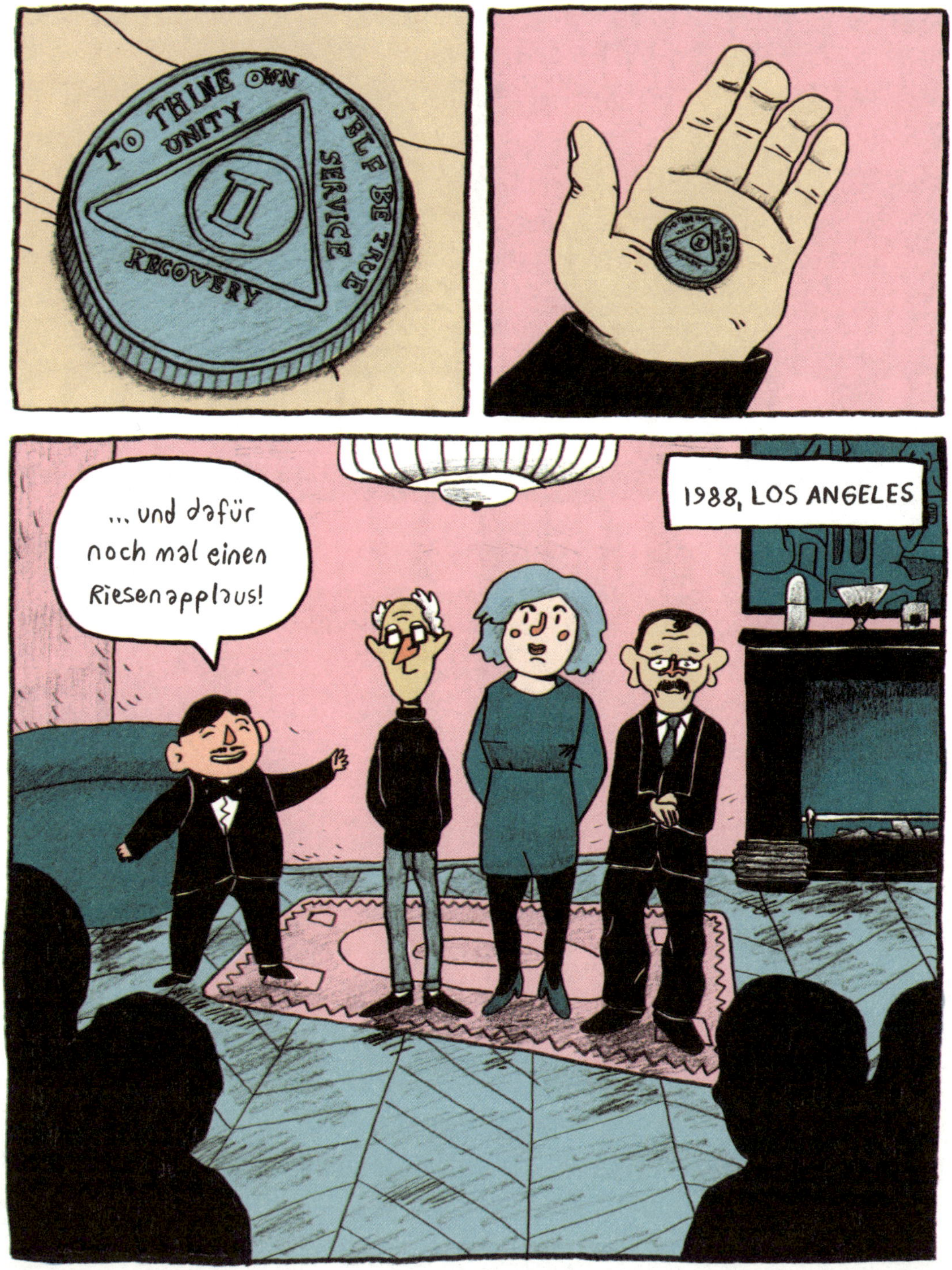

1988, LOS ANGELES

... und dafür noch mal einen Riesenapplaus!

Vor allem für John: Zwei Jahre trocken fühlen sich an wie zehn – ich weiß das besser als jeder andere!

Ja John!
Jawohl!

Danke Tiffy!

Orangensaft natürlich, hahaha!

Auf euch!

Kling

Zwei Jahre, John, wow!
Wo stehst du sonst so im Leben?
...was machst du noch gleich?

Oh, i-i-ich b-b-bin Musiker- J... Ja...
Nächste Wo-Wo-Woh oche ha-ha-ha...

Ich ha-ha-habe...

...haaaabe ein p-p-paar Auftritte. J... Ja...

Musiker? Ach toll!
Percy hier ist auch Musiker.
Percy, erzähl doch noch mal von dem Soundtrack, an dem du gerade arbeitest!

Ach, Hollywood.
Mein Cousin arbeitet beim Zoll, und manchmal sagt er zu mir:
„Percy, wenn ich dich so sehe, bin ich froh, dass ich eine ehrliche Arbeit mache."

Hahahahahaha!
Ha

Nein doch, es läuft super.

Der Film heißt „Die Anklage" oder so, mit Jodie Foster.

Wir haben schon 12 Stücke und schreiben gerade die letzten paar.

Ich hatte erst überlegt: Big Band!

Aber dann hat Jonathan uns den Rohschnitt gezeigt und...

Glückwunsch, zwei Jahre!

Ich bin erst seit zwei Wochen dabei und es bringt mich um, hahaha!

D-Danke...

Du bist
John, richtig?

John
Larkin.

Ich bin
Judy
McHugh.

McHugh? S-S-So
wie Ji-Ji-Jimmy
McHugh?!

Ja
genau,
mein
Vater.

Jimmy McHugh,
hm?

♫ On The Sunny Side Of The Street (Jimmy McHugh, Dorothy Fields)

Oh, i-i-ich... U-Um ehrlich zu sein, vvverstecke ich mich mmmmeistens nur hinter dem Kla-Kla-Klavier.
Du hörst ja, wa-wa-was aus meinem Mmmmund kommt.

Ich ha-ha-hab's ewig probiert. G-G-Gigs hier und d-d-da, ein paar Plllatten mit Ko-Ko-Kollegen... Ha-Ha-Hat natürlich nie gekla-kla-klappt.
Dann hat's nu-nur noch für Schnnn... Schnaps gereicht.

A-A-Aber das ist mir je-jetzt alles egal! Ich will nur noch spie-spielen. U-hu-hund vielleicht hört mir jjjja mal wer zu, da-dann sag ich d-d-dem: Schau dir John an und mach a-a-alles ga-ga-ganz anders!

Schritt 12, verdammt: „Die gelernte Botschaft weitergeben."
Ich hab noch genug Probleme mit Nummer drei.

Oh, d-d-du schaffst das schon, Judy.
Du bist ein fantastischer Musiker, John.
Du brauchst ein Publikum.
Wenn das m-m-mein einziges Prooooblem wäre, hahaha!

Vergiss Kalifornien! Vergiss den ganzen Hollywood-Eliten-Quatsch!
Hast du schon mal an New York gedacht?

Big Apple, genau...
I-I-Ich bin trockener A-A-Alkoho-ho-holiker, Judy.
East Coast, West Coast... Ssssso richtig Platz ist für ni-nirgendwo für mich.

Ein paar Bekannte spielen jetzt in Europa. Hatten keinen Bock mehr auf die Yuppies und Reagan-Fanatiker hier.
Da drüben sind alle ganz anders drauf – 'ne richtige Aufbruchs-stimmung!

... Europa, was? Ja genau.

Wolltest du noch nie den Eiffelturm sehen?
Die Häuschen und Kanäle in Amsterdam?

Schau mi-mi-mich an: 45, keine Frau, keine Kinder, kein Pu-Publikum.
D-D-Die Zeit, wo ich i-i-irgendwas wollte, ist vorbei.

Du alter Griesgram!
Hey, und wenn ich mitkomme?

Haha, klar!
Ja d-d-dann können wir von mir aus auch nach Ja-Ja-Japan fliegen, hahaha!

I used to lie in the shade
With those blues on parade, Ba-Ba-Bo
But I'm not afraid
This rover crossed over
If I never had a cent
I'd still be rich as Rockefeller
Gold dust on my feet
On the sunny side
of the street

Und nun zum nächsten Preisträger...

1990, AMSTERDAM

Kloster
Bräu

ITALIA

DIE OSTSEE,
ZWISCHEN OSLO
UND KIEL
Stena Line

Sauberes
Ding, Kollegen!

Die Leute
lieben euch!

ZUGABE!
ZUGABE!

Wie schaut's aus? Gehen wir noch mal raus?
ZUGABE!

Na logo!
Klar!

O-O-Okay, ja, warum nicht!
ZUGABE!

WUHU!
JAAA!

Leave your worries on the doorstep

Just direct your feet to the sunny side of the street
Can't you hear the pitter-pat
And that happy tune is your step Life can be sweet

On the sunny side of the street

SKIBBE-DIBBE-
YABBE-DUBBE-
SA-SAAA
SKA- AD-
DA-JADN-JADN-
JADN-JE-JEEE

SKIRRERRORRERIRRERORRE-
RORRERORRE-SKOB-DOB

SKA-DI-DA-DI-
DI-DA-DEDA-
DIBBE-DA-
BIBBE-DI-
WOBBE-
DI-
WOW

BAPPE-
DI-BA-
DOPPE-
DI-WOP-
DOP-DA

BRAVO!
WOW!

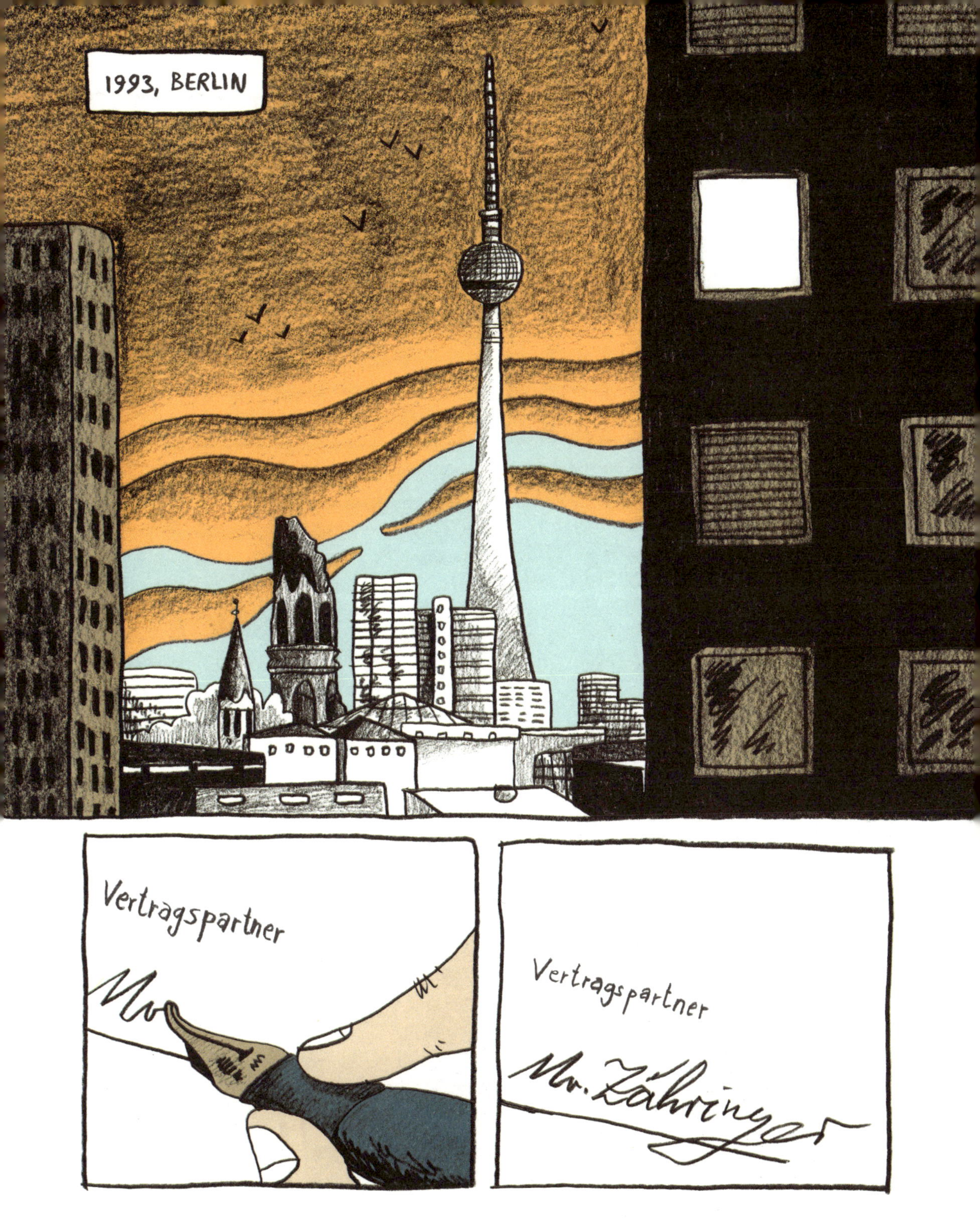

1993, BERLIN

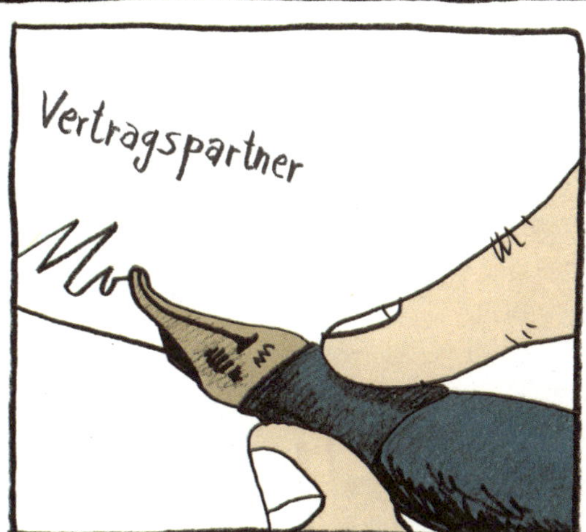

Freue mich immer, mit dir die Musik spielen zu lassen, Harri!

Geht mir ganz genauso!
Wenn wir das Mädel nicht groß rausbringen, weiß ich auch nicht.

Sag, Manfred: Wann fliegst du zurück nach Kopenhagen?
Morgen um 11.

Ah super, kommst du noch mit auf 'nen Drink?
Ja doch, du musst mitkommen! Wir gehen ins Café Moskau, da spielt gerade so'n irrer Pianist!

Na gerne! Aufregende Zeiten. Seit die Mauer weg ist, tauchen hier ständig interessante Leute auf.
Du sagst es.

ESTAURANT
MOSKAU
CAFE

Ganz gut.
Ganz gut.

SKABBE-DAP-BE-DUP-BE-DIBBI BA-DIBBI-BA-DUBBI BA-DAU
BA-SISSU-SASSU-E-SUSSU-SASSU-DA-DA-DU-DAU

Was hab' ich gesagt?

2 MONATE SPÄTER
... ich hab's jetzt wirklich überall probiert.
B-

DEMO
JOHN LARKIN
Sorry, Kumpel.

Aber mit Jazz ist gerade echt schwierig.

E-E-Erzähl mir was N-Neues!

Ja, aber John:
Deine Stimme, dein Gesang, dieses Sci-Sca-Scubbedi-Buh-Scatting – das kann nicht jeder, weißt du?

O-Okay…
A-A-Aber anscheinend b-b-bist du der Einzige, der da-da-das so sieht. U-U-Und Judy natürlich, hahaha.

Jetzt bring mich nicht um, aber ich habe eine verrückte Idee.
Vielleicht haben wir's zu lange mit Jazz probiert. Es gibt ganz andere Märkte, die gerade durch die Decke gehen.

John, was sagst du zu JAZZ-RAP?!

… du hast Recht, d-d-das ist verrückt.

Ich sage dir, deine Fähigkeit, dein Talent, dazu ein funky Dance-Track... Ich kenne auch genau die richtigen Leute dafür: Zwei Produzenten, haben schon irre Remixe gemacht. So'ne Mischung aus Hip-Hop und Tanzmusik.

Die Kids sind total verrückt danach! Mit dem Jazz-Album können wir noch zehn Runden drehen... Aber damit, John, mache ich dich zum Star!
Du könntest, äh, „John Scatman" werden!

...du ha-ha-hast Glück, dass ich auch ve-ve-verrückt bin! John Scatman?

Verdammt, nein, nenn mich „Scatman John!"

Bester nationaler Song

ECHO 1996

1993, BOTTROP

Bottrop Hbf
John?

John Larkin?

Dreck, wo steckt denn der Typ.

Ssssuchst du mich?

John La-La-Larkin??? I-Ich bin I-Ingo.
I-I-Ich k-kannte nur Ihre Sti-Sti-Stimme.

Nicht, w-w-was du erwartet hast?
Kei-Kei-Kein Grund, selbst das Sto-Sto-Stottern anzufangen, hahaha!

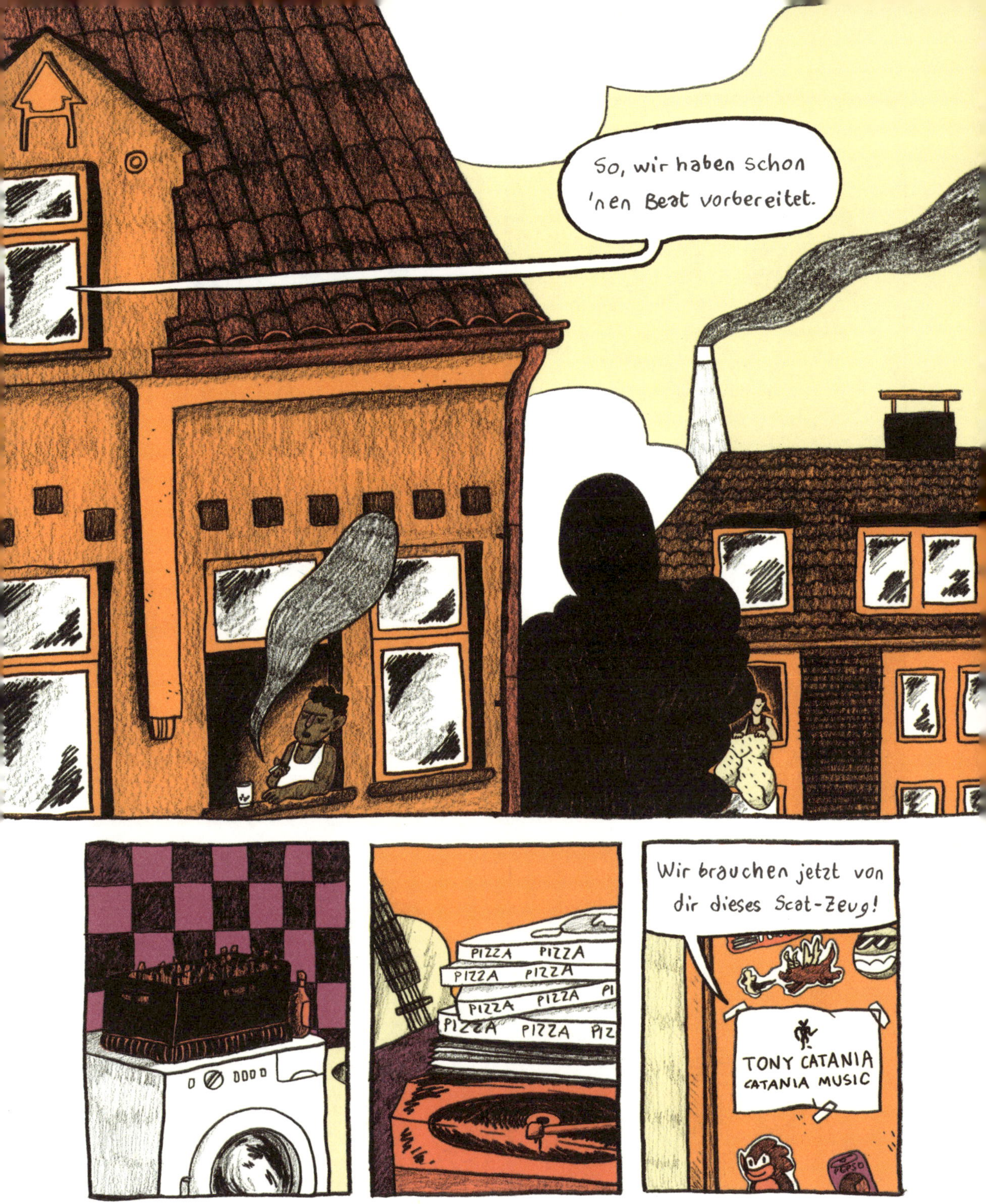

So, wir haben schon 'nen Beat vorbereitet.

Improvisier einfach mal
und sing auch bisschen was!
Ich hau' dir mal
'nen Beat rein.

Alles k-k-klar,
Tony.

SPACE
RAVE
H-H-Hey
yoo what's
u-up
Kids
Li-li-Listen to
your momma
Scab-dab
Scib-di-dib

D-D-Das war alles ein Rie... Rie... ein Rie-Rie-Riesenfffffehler!!!
Star Nuts
hicoriño

Ve-Ve-Verdammt, wo-wo-worüber soll i-i-ich denn singen?
Rrrrrrappen?! Oh Johnny...

Weißt du
noch, auf Gregors
Feier?

... wie könnte
ich das vergessen...

Schritt 12,
erinnerst du
dich?
„Schau dir
Johns Leben an
und mach alles
ganz anders!"

A-A-Aber das ist
do-do-doch jetzt was
g-g-ganz anderes!!!
D-D-Das ist
so moderne
Tanzmusik
fffffür Kids!

... und je-je-jeder
hört sofort, d-d-dass
ich sto-sto-stottere.

Dann sing DARÜBER!
Wie wäre das gewesen, wenn du als Kind einen stotternden Sänger gekannt hättest?
Jemand, der dir sagt: Du bist gut, wie du bist! Du kannst alles schaffen!
Littbarski
...alles klar. Okay, versuchen wi-wi-wir's.
Littbarski

SKAB-BIDAP BADUBA DIBA DIBA DINGRINGRING SKA-DU-BA-DU-BA BIDIBBEDIBBEDA-RING DA DAU-

Und daraus soll ein Hit werden?

Everybody stutters one way or the other so check out my message to you

Naja, seine Texte sind nicht schlecht.
Und wenn man das Gescatte so zusammenschneidet...

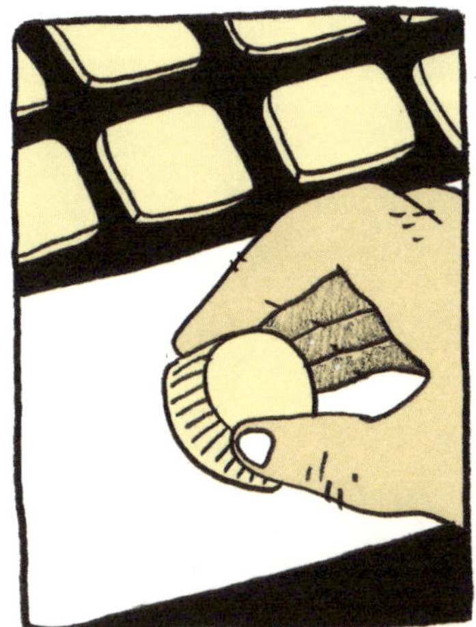

SKIB BI-DIB BA
SKABBU-DABBU SKIB-DIB

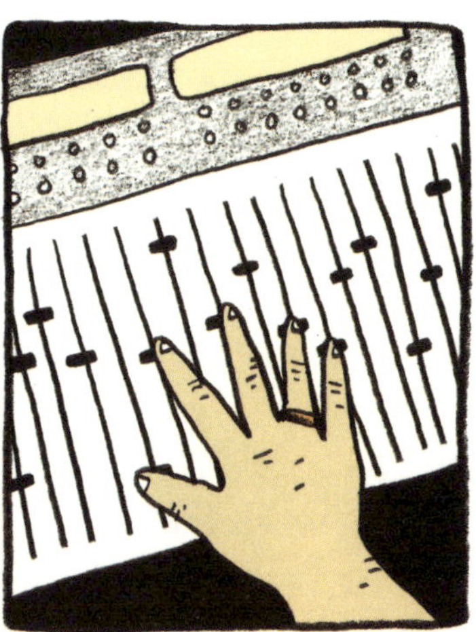

Nicht nur Jazzer können improvisieren.

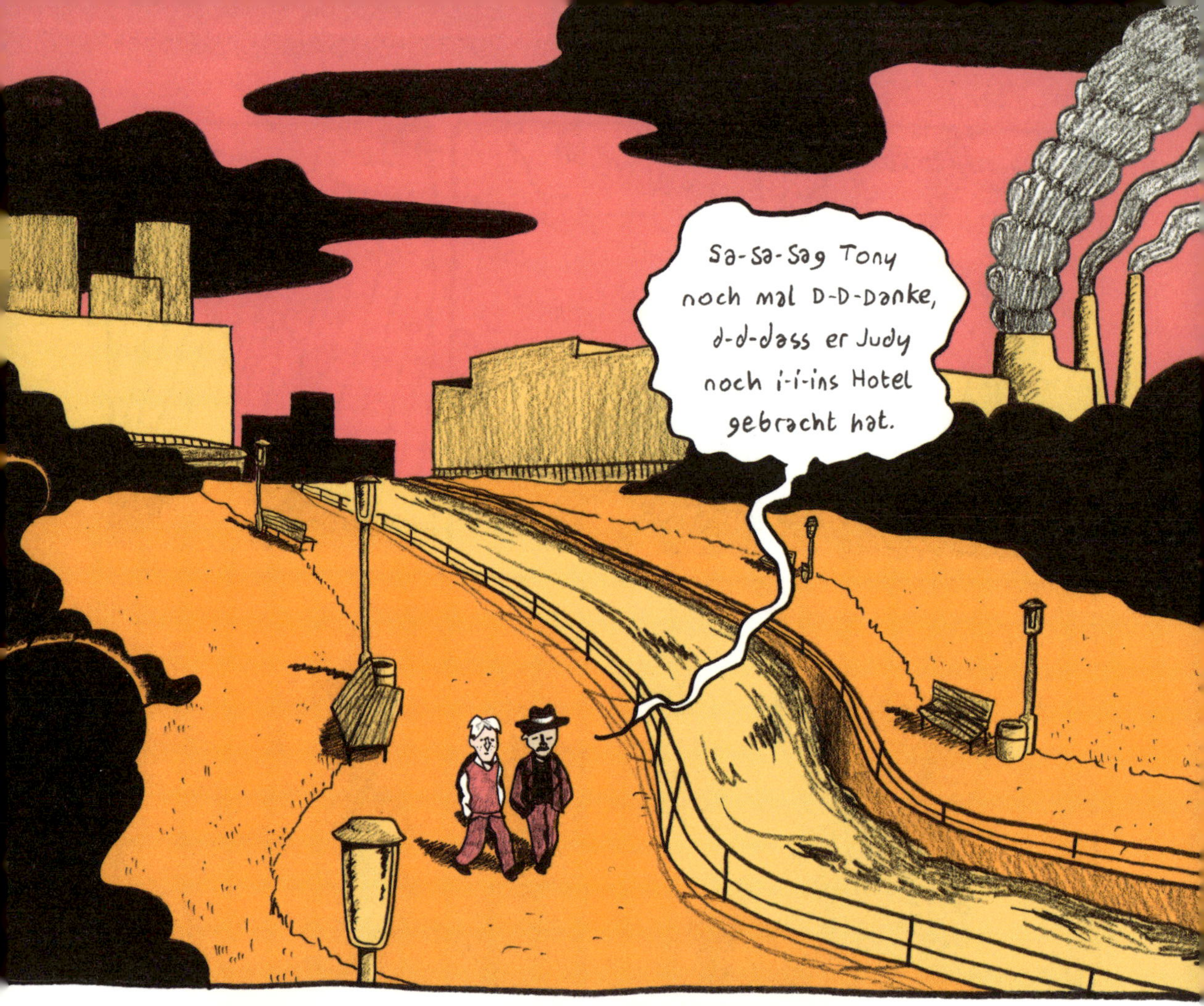

Sa-Sa-Sag Tony noch mal D-D-Danke, d-d-dass er Judy noch i-i-ins Hotel gebracht hat.

Wie geht's dann
mit uns weiter?
W-W-Wann können
wir de-de-den Song
mal hören?
Ach keine
Ahnung...

Ganz
ehrlich,
John, kein
Plan, ob das
überhaupt
was wird mit dem
Song und allem...

Hey
Kumpel!

SKIB-DA-
DAB-BA-
DAP
SKIBBE-
RIBBE-
DIBBE-
DA-DOU

SCARING-
GADING-
RIGGEDA-
DAU

SKI-
BA-DI-
BE-
DA-
DA

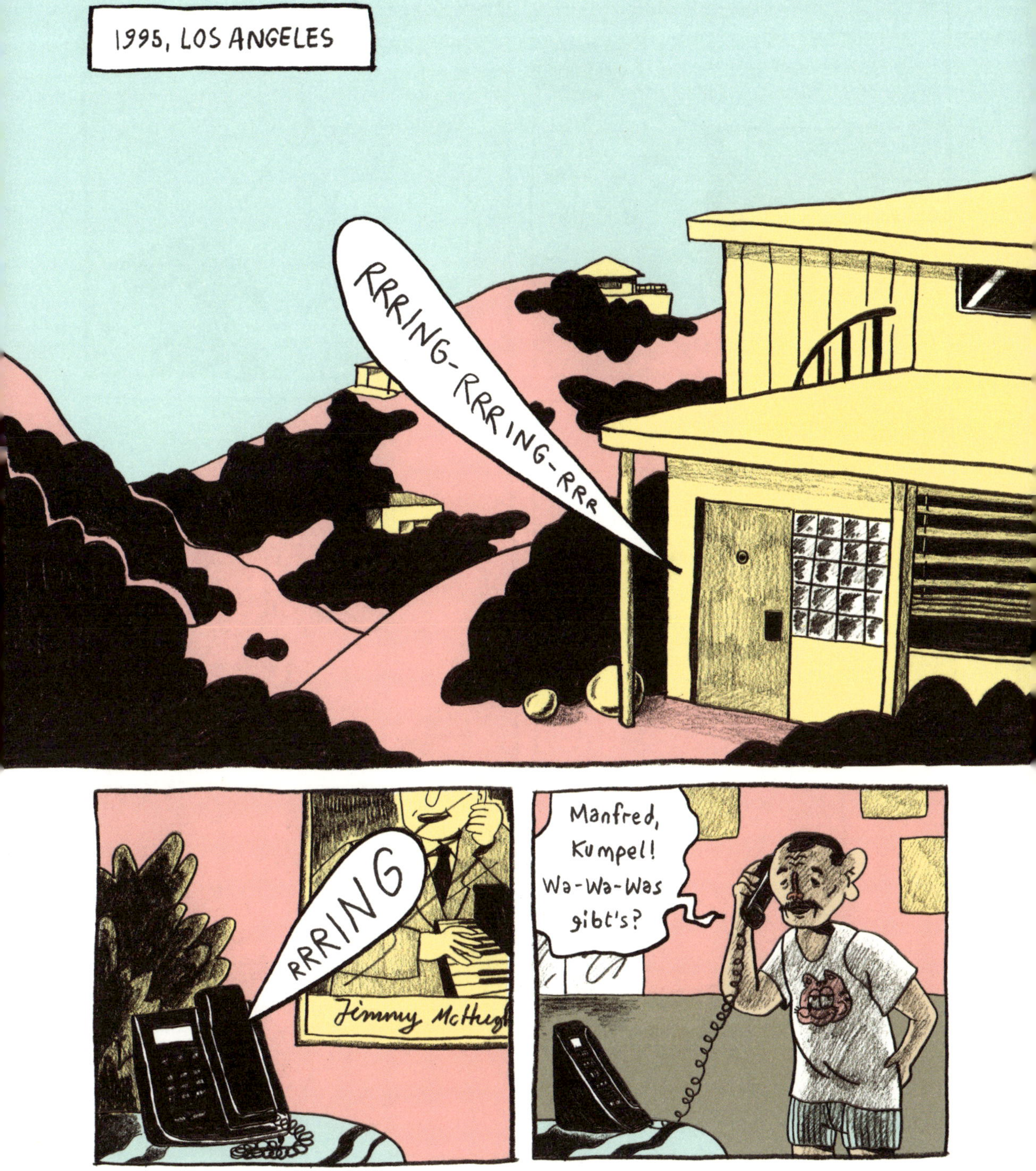

1995, LOS ANGELES

RRRING-RRRING-RRR

I-I-Ich hab' ge-ge-gehört, letzte Woche waren wir auf Platz 45 in Fffffinnland?
U-U-Und ich glaube 30 i-i-in der Schweiz oder-

Erster.
Wir sind Erster, John.

...w-w-was?
W-W-Wo?

Fuck, überall, John!
Du bist ein Popstar!

Ist das Manfred?
炒面菜

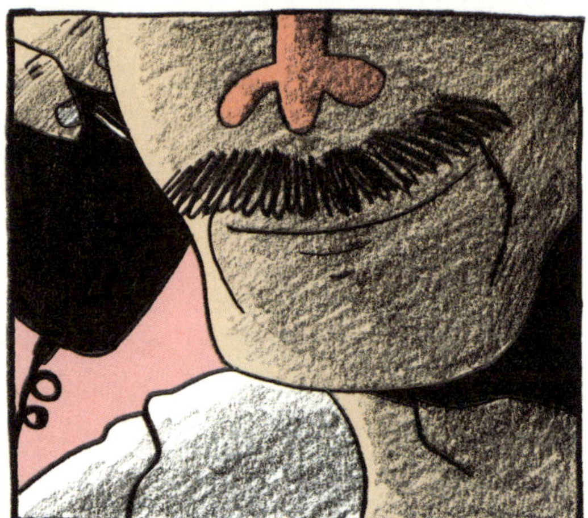

I'M THE SCATMAN!

III. SCATMAN'S WORLD

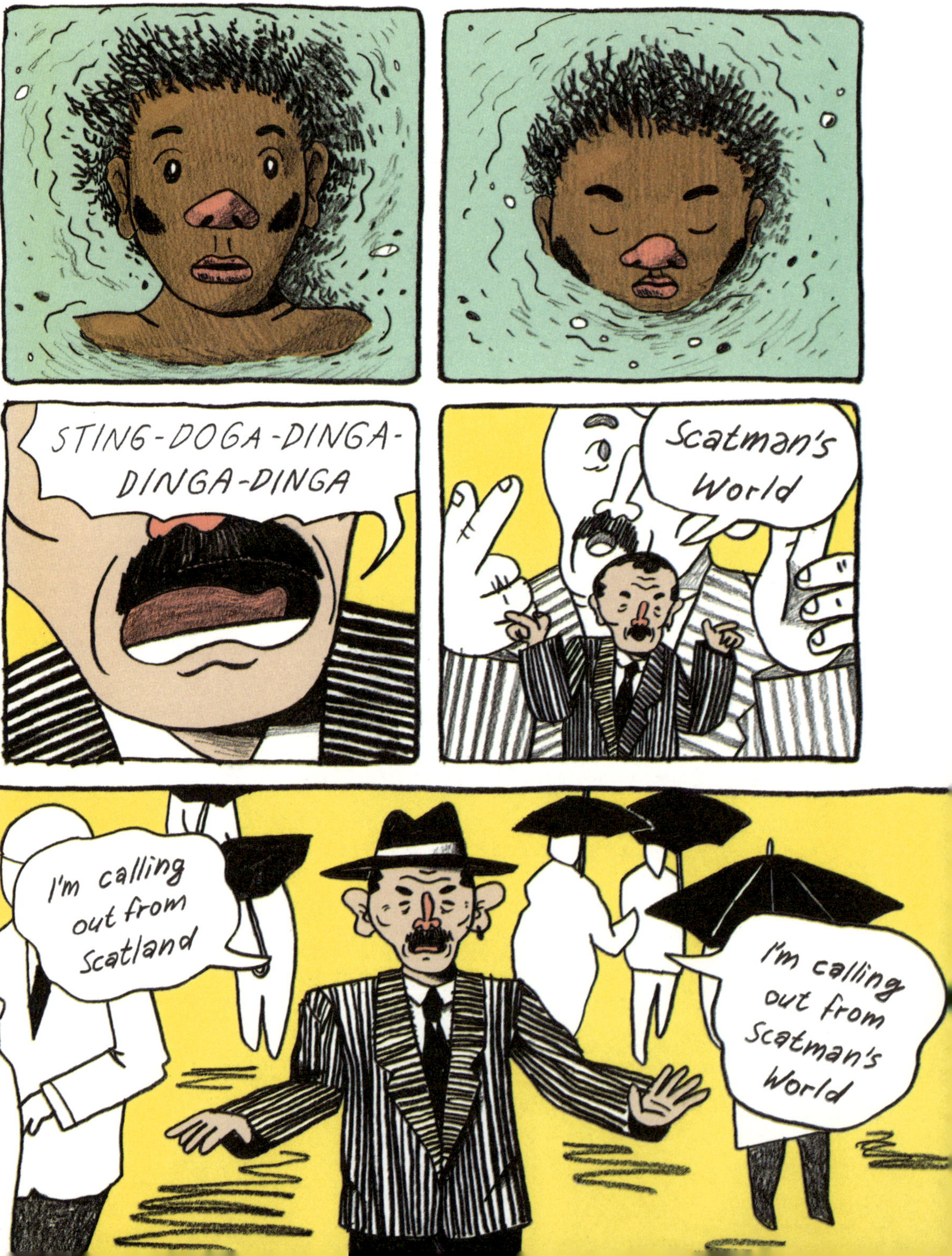

♫ Scatman John – Scatman's World

I'm calling out from Scatland

I'm calling out from Scatman's World

If you wanna break free you better listen to me
You've got to learn how to see in your fantasy

Everybody's talking something very shocking just to keep on blocking what they're feeling inside
yle ELÄVÄ ARKISTO
4 TOP
Scatman, fat man, Black and white and brown man, Tell me 'bout the color of your soul

Everybody's born to compete as he choses
But how can someone win if winning means that someone loses

SKAB-BOP-DI-DA-DEP

Welcome to Scatman's World
MOST

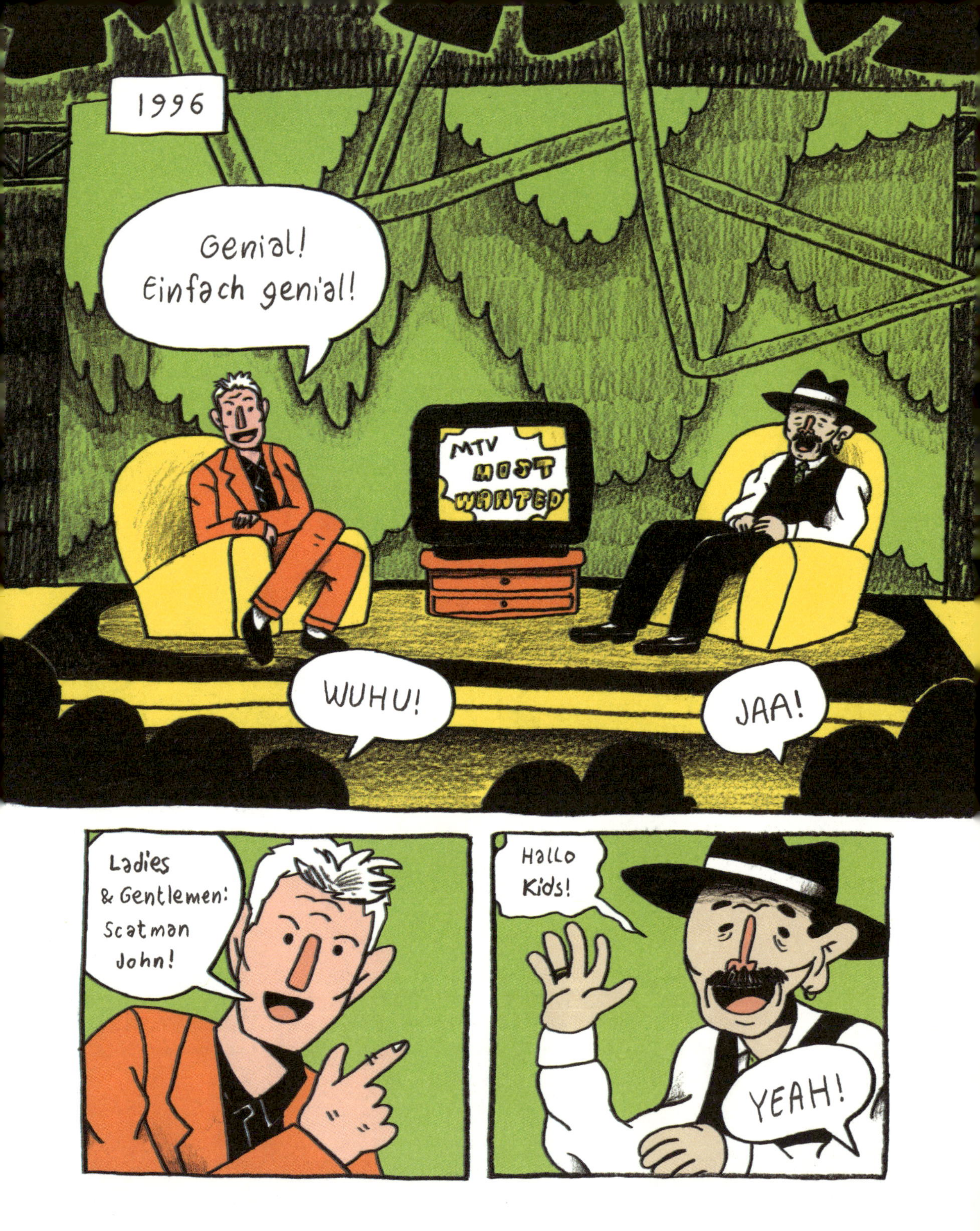

1996

Genial!
Einfach genial!

MTV MOST WANTED

WUHU!

JAA!

John, wie fühlst du dich? Brauchst du was?
Wasser, Cola, Bier, Koks, Heroin? Hahaha!

O... Haha, ja klar, Ray, g-g-gib mir alles, hahaha!

Der Scatman, haha, eine komische Gestalt.

Ein bisschen...

Aber auch ein Genie, sage ich euch!
Ein Genie!

Du bist der Star der Stunde!
Dein Album „Scatman's World" ist die Nummer 1 in... wie vielen Ländern nochmal?

Haha, danke Ray! Ich ha-ha-hab selbst den Überblick verloren.

Ich glaube es sind... über 15?
MTV MOST WANTED
WOW!
WUHU!

Übrigens, ich liebe deinen Style!
Der Ohrring, sehr mutig!

Oh, d-d-das war eine Idee von meiner Frau Judy.
In Sachen Mo-Mo-Mode hat sie das Sagen, hahaha!

Der Anzug, der Hut – das hat was von einem alten Jazzer.
Und du warst auch mal Jazz-Musiker, richtig?

Ja schon – Aber ich mag auch Pop!

Ja wirklich?

Oh jjjja. Ich mag Queen, äh, David Bo-Bo-Bowie, ja...
Aber ei-ei-eigentlich ist das j-j-ja auch alles J-J-Jazz!

Alles ist Jazz?

Na-Na-Naja, Pop, Rock, das kommt alles vom J-J-Jazz!

Ich dachte immer, das käme vom Blues.

Klar, Blues, Jazz... ei-ei-eigentlich ist alles Jazz!
D-D-Das einzige, das kein Jazz ist, ssssssind Jazzmusiker mit der Einstellung, d-d-dass eben n-n-nicht alles Jazz sein kann.

... okay, vielleicht wird es hier jetzt auch ein bisschen zu technisch.
MTV MOST WANTED

John, magst du Fernsehen?
Denn ich höre gerade, dass gleich ein irrer Clip läuft!

Oh... äh... ja k-k-klar. Ich l-l-liebe Fernsehen, hahaha.
MTV
MOST WANTED

Schauen wir mal rein!

MTV

MTV

MTV

Hahaha, toll!
Hahaha!
Hehe.

Kannst du skaten, John?
Äh, was? N-N-Nein, sowas g-g-gab es bei uns früher noch nicht.

Okay, du kannst vielleicht nicht SKATEN, aber du kannst SCATTEN!
Das kommt echt aus deinem Mund? Kannst du es uns mal vormachen?

Oh klar, Roy!
Pass auf!

SKIB-BOP-BIDAP-
RIDAP-RADIBBEN-BIBBEN-
DI-DE-DA-DE-RI-
DABBN-DE-DO
WUHU!
JA!

Irre, absolut irre!
Ich hätte mir dabei die Zunge wahrscheinlich zehnmal verknotet!
HAHAHA!

John, jetzt habe ich schon ein paar mal gehört: Du stotterst.
In deinem Song „Scatman" singst du sogar darüber.

Fast ein bisschen schwer zu glauben, wenn du so los scattest.

Darum die Frage...

Ist das Stottern von Scatman John nur ein Marketing-Gag?

Der Scatman ist ein St-St-Stotterer.

Hier auf der Bü-Bü-Bühne ist es nicht so schlimm, weil ich mir vvvuuviel Mühe gebe.

Aber z-z-zuhause würdest du nicht ein W-W-Wort von mir verstehen.

Und mit dem Singen? Wie geht das?

Du sssssagst es ja selbst:
In meinem Lied „Scatman" heißt es „Everybody says that the Scatman stutters, but does he ever stutter when he sings?"

Beim Singen st-st-stottere ich einfach nicht.
So geht es allen Menschen, die st-st-st-st-stottern.

Interessant, interessant.
Ein komisches Thema für einen Dance-Song, oder? Haha!

Oh ja, aber d-d-das war mir bei diesem Album g-g-ganz wichtig, denn...

Behalte den Gedanken, John! Wir kriegen gerade wieder einen Clip rein!

HAHAHA!
Der Hammer! Wo finden die nur so Zeug?
HAHAHA!

John, du wolltest noch was sagen?

Oh, äh, j-j-ja.
Ich will dir von „Scatland" erzählen.

Also, m-m-mein Album „Scatman's World" ist ein K-K-Konzeptalbum. Ich erzähle den „kids of all ages" d-d-dort von Scatland. Das ist ein ma-ma-magischer Ort. Wenn du dahin g-g-gehst, dann wartet am Eingang eine Liebe Person und e-e-erklärt dir alle Regeln von Scatland.

Keine Polizei?! Oh John, das klingt gefährlich!
Das passt übrigens super zu dem Clip, den ich jetzt zeigen wollte.

NEIN NICHTS DA! D-D-DAS IST JETZT WICHTIG, V-V-VERDAMMT!

MTV
MOST WANTED

...okay, das müssen wir rauspiepen.
Erzähl bitte.

... entschuldige.
Also...

Eine liebe Person holt dich ab und fffffführt dich durch Scatland. Dort g-g-gibt es k-k-keine Regierung, k-k-keine Polizei. Die Leute leben g-g-ganz natürlich.
Sie vertrauen sich gegenseitig und sagen immer die Wahrheit. Denn wenn man lügt, dann verstö-hö-höߟt das gegen den Grund, warum man ü-ü-überhaupt miteinander spricht.

Und alle Mmmmmenschen sprechen Scattish. Das ist eine Sprache aus Ssssssilben und Tönen – und wenn man sie hört, dann klingt es wie Haaaaarmonie und Freude.
A-A-Außerdem sind alle Mmmmmenschen wie Kinder. Sie ha-ha-hatten alle eine glückliche Kindheit und durften sich und ihre Kre-Kre-Kreativität voll entwickeln. Darum sind sie auch kre-kre-kreative Menschen.

Georg Sim
In Scatland g-g-gibt es nur Liebe und Freude. N-N-Niemand weiß, was Hass bedeutet.
Jeder ist ein Held.

U-hu-hund wenn du dich fffffragst, wo Scatland ist, da-da-dann sage ich dir, es g-g-gibt diesen Ort wirklich:
Als Scatland erschaffen wurde, da sollte es geschützt we-we-werden, um für immer b-b-bestehen zu können. Da-Da-Darum wurde Scatland in Millionen von Teile zerbrochen und do-do-dort versteckt, wo es in Sssssicherheit ist: In den Herzen der Kinder.

We-We-Wenn du also nach Scatland wwwwwillst, dann mu-mu-musst du nur in di-di-dich selbst schauen.
Zwischen deinen tiefsten Träumen und wärmsten Wünschen, da t-t-triffst du die liebe P-P-Person, die auf dich wa-wa-wartet und dir Scatland zeigt.

Und du wirst sehen:
D-D-Diese liebe Person bist du selbst!

Ich glaube, Go-Go-Gott erschafft keinen Abfall. Und Gott gibt uns P-P-Probleme, die wir überwwwwwinden müssen, um stärker zu werden.

Ich sto-ho-hottere. Aber jeder stottert auf ssssseine Art u-u-und Weise.

Und wenn man zu sich selbst gefu-fu-funden hat, da-da-dann kann man auch anderen helfen, zu sich selbst zu fffffinden.
Das will der Scatman tun. Und darum g-g-geht es in meinen Songs.

...super John, ganz super! Das ist eine ganz tolle Botschaft, ich verstehe das total!

Aber - HUCH - unsere Zeit ist jetzt auch schon um!

Meine Damen und Herren: Scatman John!
MTV MOST WANTED
WUHU!
BRAVO!
JAAA!

Danke nochmal, wirklich! Vor allem das Ende, wow!
Das hat den Leuten echt was zum Denken mitgegeben!

Wenn du was brauchst, du findest alles Backstage!
Wir sehen uns dann vielleicht später noch, ja?

Oh, j-j-ja, D-D-Danke, Ray.

♫ John Larkin – My Beautiful Planet

I must consult you
About certain results you
produced in a certain monkey,
yeah-heah, called the
human species

There's
something wrong here
That's grown so big that
I forget why you made me

Can't understand it
My beautiful planet, this dream of love
Oh it must be as real as we are

we know there's
something there
There's music everywhere
Yet few seem to care so
few at all

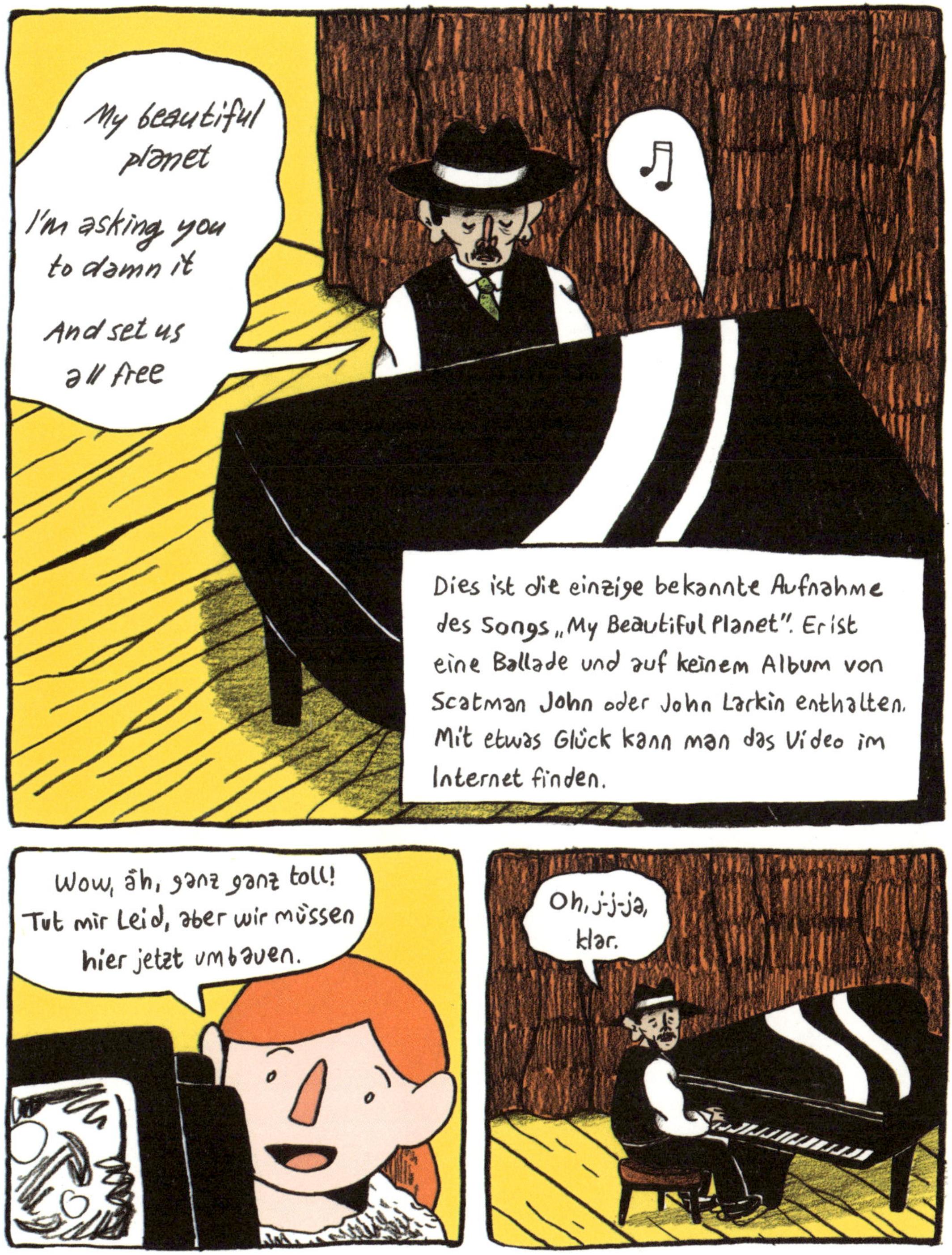

My beautiful planet
I'm asking you to damn it
And set us all free

Dies ist die einzige bekannte Aufnahme des Songs „My Beautiful Planet". Er ist eine Ballade und auf keinem Album von Scatman John oder John Larkin enthalten. Mit etwas Glück kann man das Video im Internet finden.

Die Single „Scatman" und das Album „Scatman's World" sind Riesenerfolge. Sie holen unter anderem: Platin in Deutschland und Frankreich; Gold in Polen, Österreich, der Schweiz, Norwegen und Schweden; Platz 1 der Charts in Finnland, Dänemark, Estland, Belgien, Spanien, Italien, Ungarn, Griechenland, Irland; einen Platz in den Top 10 der Charts in Island, Großbritannien, den Niederlanden; sowie 1996 den ECHO für den erfolgreichsten nationalen Song.
Die Musik stammt stets vom Produzenten-Duo aus Bottrop, die Texte immer von John Larkin.

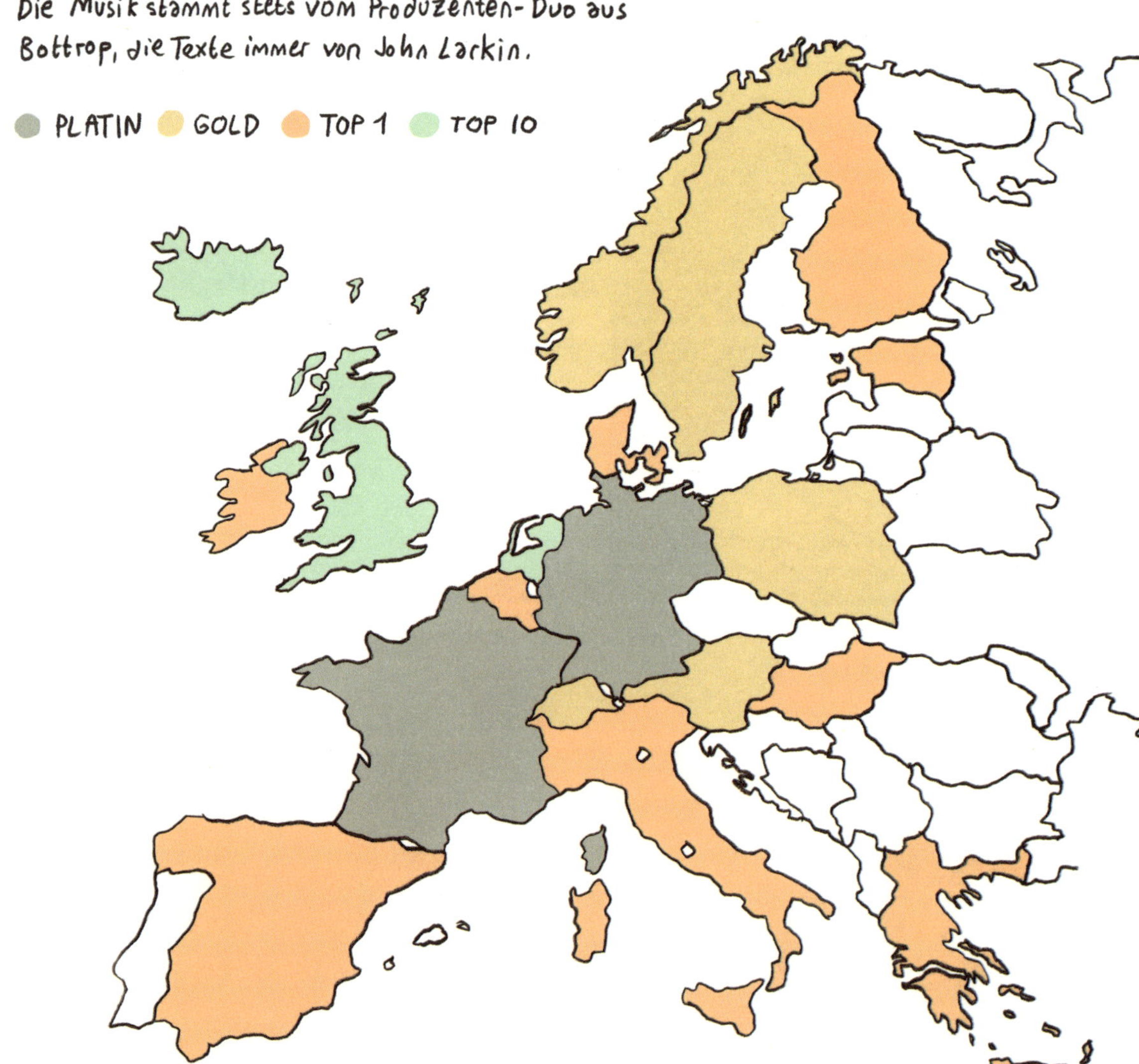

1996 erscheint Johns zweites Album „Everybody Jam!". Es ist kein Konzeptalbum mehr wie sein Vorgänger, aber mit der gleichen Energie und Freude produziert und dem gleichen Team wie „Scatman's World".

Für den Titelsong drehen sie ein aufwändiges Musikvideo, in dem John während einer Parade auf einen fiktiven Louis Armstrong trifft – sein großes Idol seit seiner Kindheit.

Follow me everybody
Let's head down south
To the land
with the man
with the message
His name was
Satch and he played
on the horn
Everytime
he plays
the horn
another
blues was
born
♫ Scatman John – Everybody Jam!

He taught the Scatman
all about Scat
He's the father of it all
as a matter of fact
Everybody party down
to Lousiana
Everybody jam
Everybody come and
take a ride with me

Und bitte!

Ja, der Song ist ü-ü-über Louis, über Satchmo. Ohne Louis g-g-gäbe es keinen Scatman, wirklich.

Als Kind g-g-ging es mir scheiße und er war da, mit seinem großen G-G-Grinsen, und sang zu mir: A-A-Alles ist g-g-gut, lass uns Mmmmmusik machen!

Ich will den Kids einfach J-J-Jazz zeigen, wisst ihr? Jazz kann die Seele retten, g-g-glaubt mir!

Wir haben hier d-d-die ganze Straße gesperrt, sind mit einer Limo rumgefahren!

Mein Neffe Steven war dabei, hat eine kl-kl-kleine Rolle gespielt, haha!

Es war so ein Spaß! Kinder haben auf der Straße getanzt, he-he-herrlich!

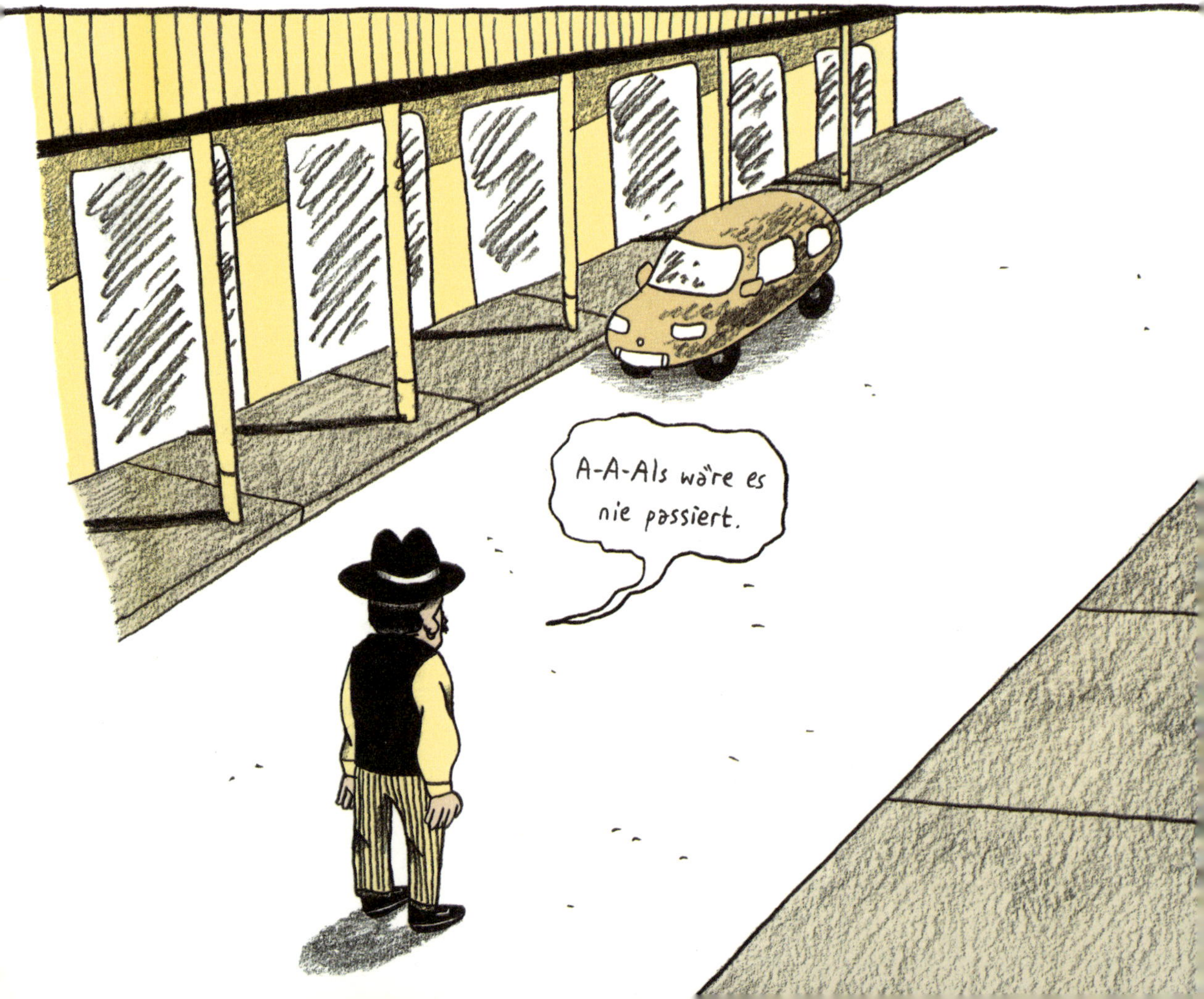

A-A-Als wäre es nie passiert.

IV. THOSE WHO SPEAK IN A TONGUE OF THEIR OWN

1996, HALIFAX, GROẞBRITANNIEN

PANDA
POP
COLA
PANDA
POP
COLA
COLA

Dankeschön!

Oh, Gina, wolltest du auch noch was?

N-N-Nein d-d-danke...
Ich glaube, ich g-g-gehe bald nach Ha-Ha-Hause...

POP NIG

♫ Scatman John – Scatman (Ski-Ba-Bop-Ba-Dop-Bop)

Hö-Hö-Hörst du d-d-das?!?!
Er sssssingt übers St-St-Stottern!
Wie? Was? Dufte auf jeden Fall!

As a matter of fact, I don't let nothin' hold you back
BI-BA-BA BA-DA-BOP
If the Scatman can do it so can you!

Hey
Mrs. Waggot!

Hallo Jonathan!

Gina, nicht mehr so lang, ja? Ich muss gleich noch telefonieren.

E-E-Erinnerst du d-d-d-dich an d-d-diesen Song von letztens?

Alter klar! Ich hatte das ganze Wochenende 'nen Ohrwurm!
Mein Dad kauft mir vielleicht die Platte.

Schau mal, wwwwwas ich gefunden habe!

WELCOME TO SCATLAN
WRITE A MAIL
D-D-Das ist der Typ!

So sieht der aus?!
Ne! Ich dachte, das wär' so'n amerikanischer Rapper! Der sieht ja aus wie mein Bio-Lehrer!

J-J-Ja u-u-und jetzt guck mal hier!

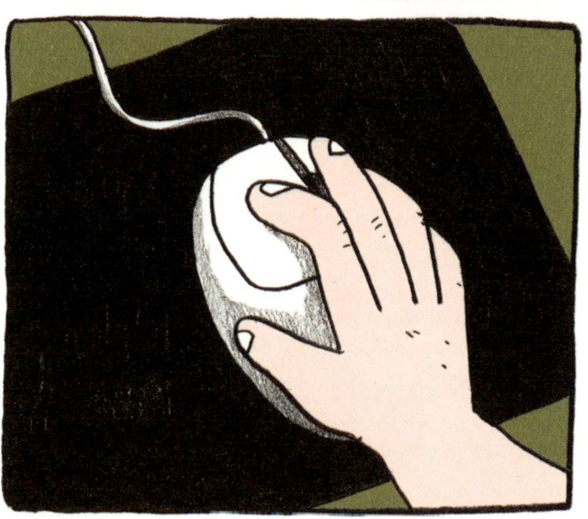

CONTACT THE MAN:
+13766

Ja und? Das ist wahrscheinlich seine Telefonnummer.
Dafür ist das Internet doch da, oder? Dass man so Kontaktinfos finden kann.

Du.. Du willst ihn anrufen? Warum das denn?

Genug jetzt ihr zwei! Ihr wollt doch bei dem schönen Wetter nicht den ganzen Tag vor der Kiste sitzen!

Komm' mit!

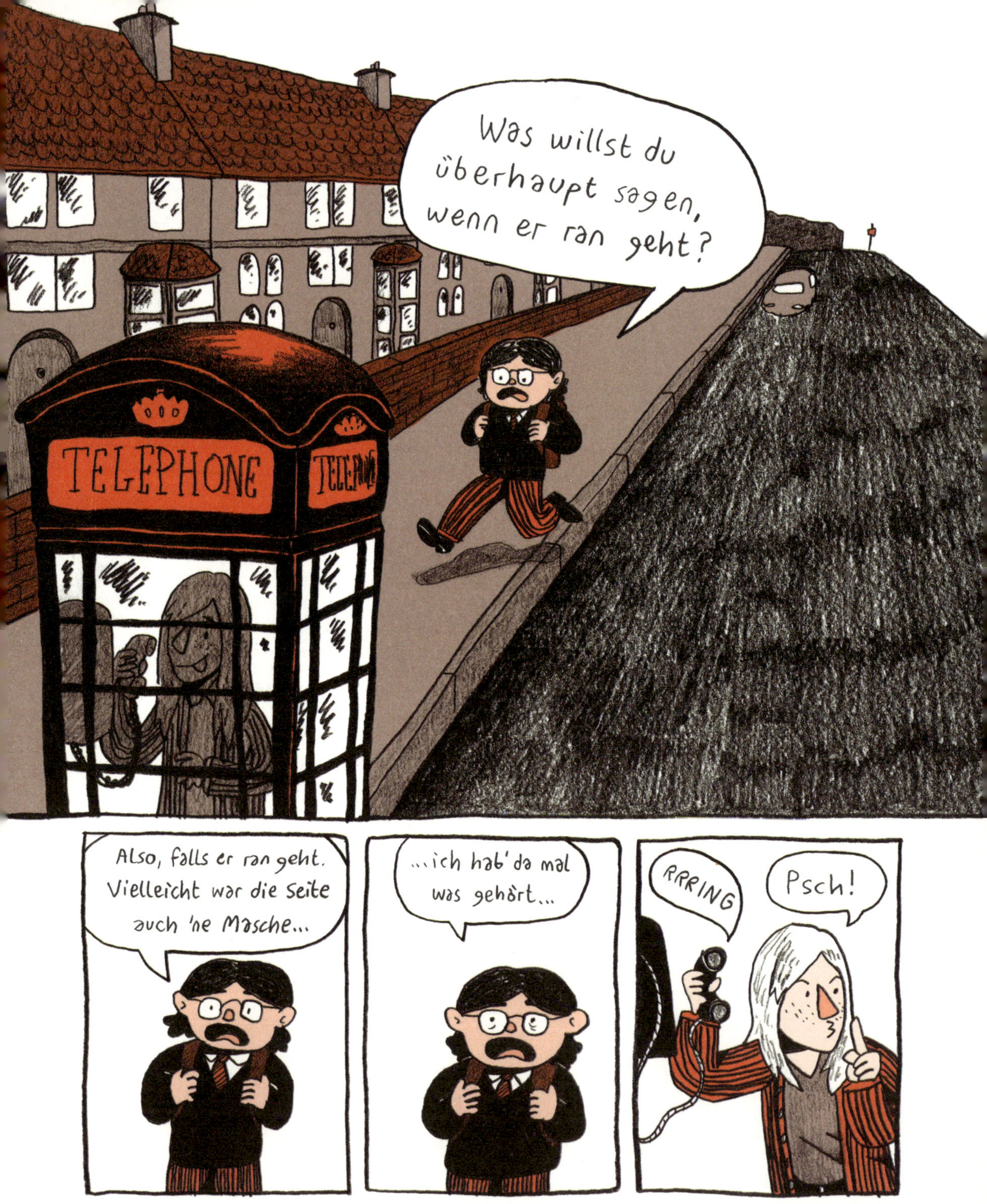

TELEPHONE

TELEPHONE

Was willst du überhaupt sagen, wenn er ran geht?

Klick-
Hallo, hier ist John Larkin?

Hallo? Wwwwwer ist da?

H-H-Hallo! Wwwwwir ha-ha-haben… wwwwwir haben d-d-deinen… d-d-deinen Sssong gehört!

Oh wirklich?! Und, hat er euch g-g-gefallen?

... oh ... oh ja s-s-sehr! W-W-Wir... i-i-ich...

A-A-Also du sssingst ja... äh... mit d-d-dem St-St-Stottern...

Also wwwwwenn d-d-du d-d-da singst, d-d-dass...

Hör mal Kleine, i-i-ich ha-ha-habe gerade leider ni-ni-nicht so viel Zeit.

TELEPHONE
TELEPHONE
Aber schick mir d-d-doch einen Brief! Ha-Ha-Hast du was zum Schreiben da?

Hallo Gina!

Da ist ein Brief für dich aus Amerika!

Von wem kann der denn sein?

Hallo Gina,

vielen Dank für deinen liebenswerten Brief. Ich bin so stolz auf dich, dass du mir geschrieben hast!

Das mit dem Stottern, das ist keine einfache Sache. Aber glaub mir:

Gott macht keinen Abfall! Du bist voller Liebe und bist es Wert, geliebt zu werden! Tief in dir drin weißt du das schon, aber du brauchst Hilfe, dass es auch in deinem Kopf ankommt. Hast du schon einmal vo British Stammering Association (BSA) gehör bei uns haben wir die National Stuttering

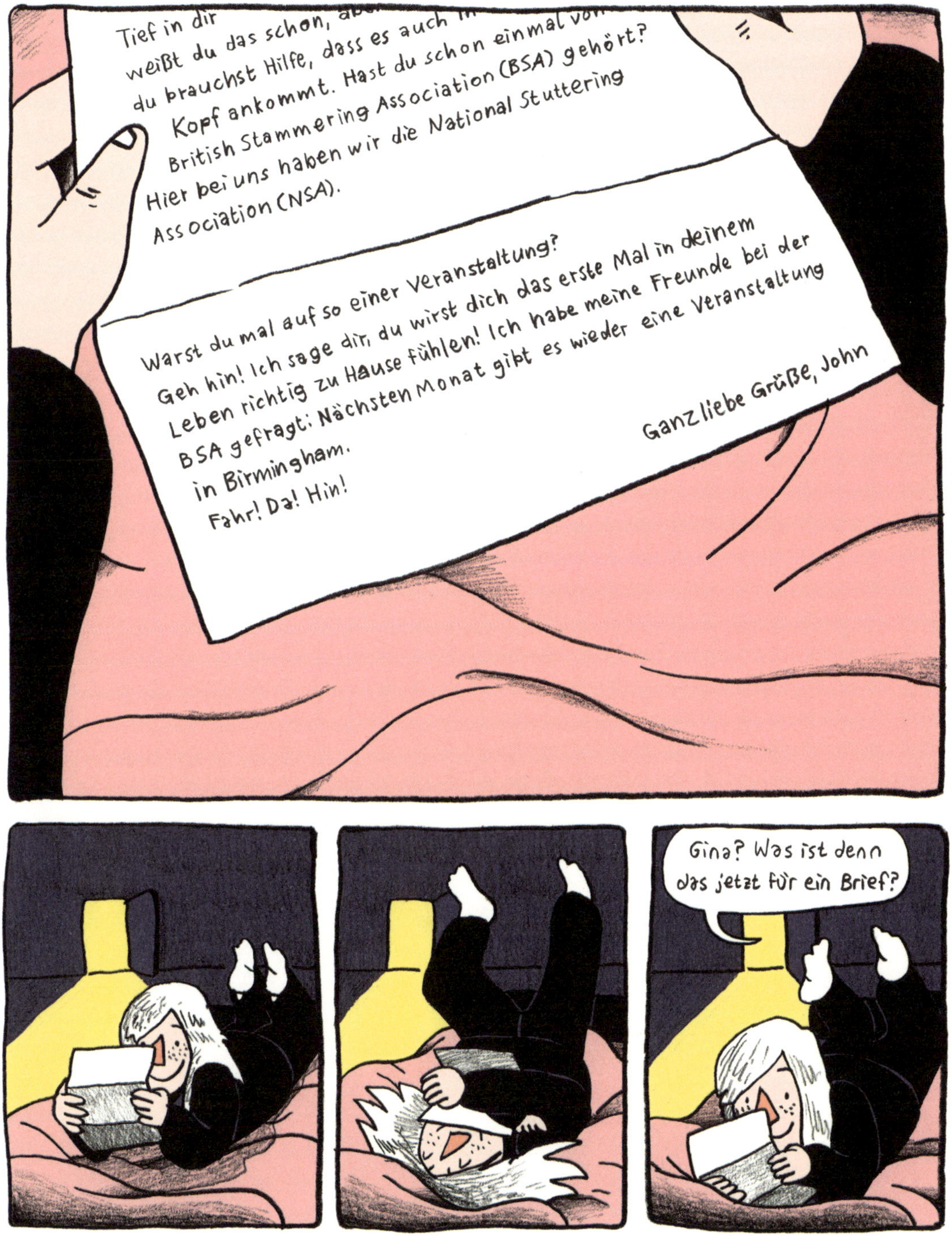

Tief in dir

weißt du das schon,

du brauchst Hilfe, dass es auch in

Kopf ankommt. Hast du schon einmal von

British Stammering Association (BSA) gehört?

Hier bei uns haben wir die National Stuttering Association (NSA).

Warst du mal auf so einer Veranstaltung?

Geh hin! Ich sage dir, du wirst dich das erste Mal in deinem Leben richtig zu Hause fühlen! Ich habe meine Freunde bei der BSA gefragt: Nächsten Monat gibt es wieder eine Veranstaltung in Birmingham.

Fahr! Da! Hin!

Ganz liebe Grüße, John

SCATMAN

♫ Scatman John – Only You

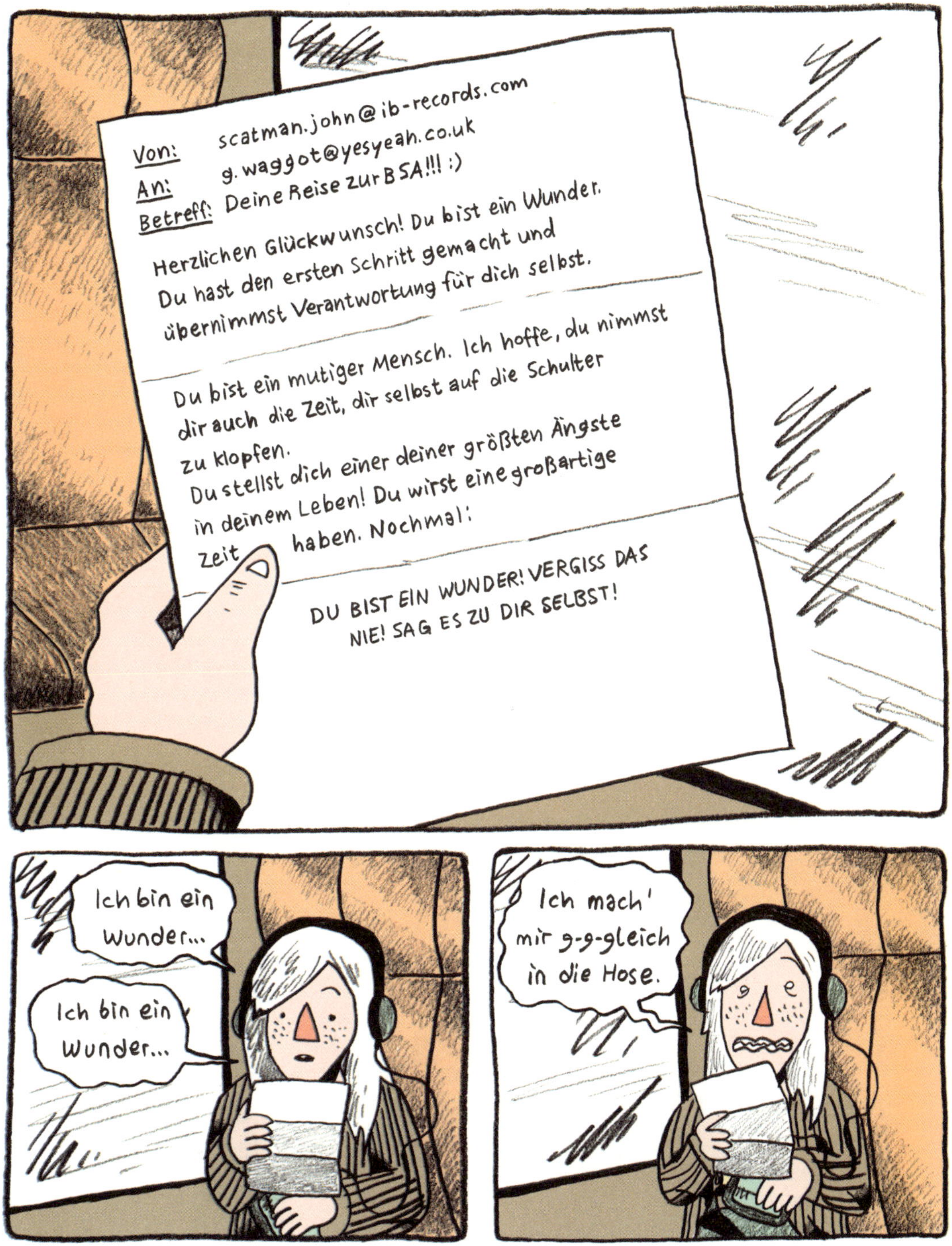

Von: scatman.john@ib-records.com
An: g.waggot@yesyeah.co.uk
Betreff: Deine Reise zur BSA!!! :)

Herzlichen Glückwunsch! Du bist ein Wunder.
Du hast den ersten Schritt gemacht und
übernimmst Verantwortung für dich selbst.

Du bist ein mutiger Mensch. Ich hoffe, du nimmst
dir auch die Zeit, dir selbst auf die Schulter
zu klopfen.
Du stellst dich einer deiner größten Ängste
in deinem Leben! Du wirst eine großartige
Zeit haben. Nochmal:

DU BIST EIN WUNDER! VERGISS DAS
NIE! SAG ES ZU DIR SELBST!

Immer mit der Ruhe!

Ähm, I-I-Ich...

Ent... Entsch...

E-E-Entschuldigung, I-I-Ich...

I-I-Ich muss n-n-nach... nach B-B-Birmingham!

Da bist du nicht die Einzige, Kleine! Heute morgen ist ein Baum auf die Oberleitung gefallen. Das kann noch Stunden dauern...
Fahr' am besten wieder nach Hause!

MAIL RUNNER

INBOX | SPAM | JUNK

BETREFF	VON	AN	DATUM
Du hast bestimmt gerade die Zeit deines Lebens!	John Larkin	Gina W.	14:12, 22.08.
Du drückst dich doch nicht, oder? Noch ist Zeit!	John Larkin	Gina W.	11:35, 22.08.
Jetzt 50% sparen auf alle Socken und Strümpfe	Royal Undies	Gina W.	11:32, 22.08.
Ich hoffe, du liest das nicht, sondern bist auf dem Weg!	John Larkin	Gina W.	09:07, 22.08.
Neue Inbox-Funktionen	Mail Runner	Gina W.	08:00, 22.08.
Morgen ist dein großer Tag!	John Larkin	Gina W.	02:44, 22.08.
Tiernahrung gesucht?	Higgins & Co.	Gina W.	17:05, 21.08.

ANTWORTEN

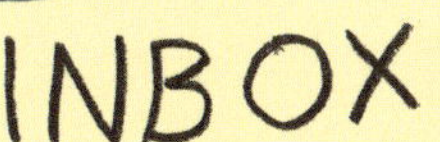

INBOX | SPAM | JUNK

VON: John Larkin
BETREFF: Re: Es tut mir Leid...
DATUM: 04:21, 23.08.

Gina, du musst dir sofort selbst auf die Schulter klopfen! Du schaust deinem Stottern direkt ins Auge. Du stellst dich ihm. Das ist, was zählt. Der Prozess hat angefangen: Du kontrollierst dein Stottern, nicht dein Stottern kontrolliert dich!

Dein ehrlicher Versuch zu der Veranstaltung zu gelangen war genauso wichtig, wie die Veranstaltung selbst.

Du hast den ersten Schritt gemacht. Du tust das für dich und niemanden anders. Du übernimmst die Kontrolle über die Richtung, in die dein Leben verlaufen soll... Das ist das Mutigste, das ein Mensch tun kann. In deinem Herzen weißt du, dass du dein Bestes gegeben hast... Und mehr als das Beste kann man nicht geben.

ANTWORTE MIR BITTE! Diese Stotter-Sache kann zu groß für einen alleine sein.

Du kannst es für dich selbst tun... Aber nicht nur du selbst... Ich würde Gott bitten, dich zu segnen, aber das hat er bereits getan.

Gina, bitte schreib mir zurück...
John

ZWEI MONATE SPÄTER

VON: John Larkin
AN: Gina Waggot
BETREFF: JETZT ABER!!!

LASS DICH NICHT VOM LETZTEN MAL AUFHALTEN – WENN DU ES DIESES MAL NICHT SCHAFFST, WERDE ICH NOCH VERRÜCKT UND BRINGE DICH SELBST DAHIN!

Außerdem ist um 4:30 Uhr

DIESES MAL NICHT SCHAFFST, WERDE ICH NOCH VERRÜCKT UND BRINGE DICH SELBST DAHIN!

Außerdem ist um 4:30 Uhr aufstehen doch gar nicht schlimm: Du kannst dir den Sonnenaufgang anschauen!

VON: Gina Waggot
AN: John Larkin
BETREFF: RE: JETZT ABER!!!

Okay, Danke. Ja, ich werde es diesmal wirklich schaffen! Danke John! Nur das mit dem Sonnenaufgang wird schwierig: Das hier ist Großbritannien...

VON: John Larkin
AN: Gina Waggot
BETREFF: RE: RE: JETZT ABER!!!

Na dann schau dir eben den Nebel-Aufgang an!

♫ Scatman John – Sing Now!

BIRMINGHAM

BSA BIRMINGHAM

PUH

W-W-Wie, d-d-das hast du gesagt?
Uu uuund wwwo wohnt ihr jetzt?
Ja k-k-klar.
Hör mir a-a-auf damit...
Weißt du, n-n-neulich, nach d-d-der Arbeit...
Die st-st-steigen d-d-doch eh wieder ab.

K-K-Kennst du das P-P-Programm heute?
Ne, hab n-n-noch nicht g-g-geschaut.

HAHA HA
HAHA HAHA

Hey d-d-du, wwworüber lachst du?

Ich... oh... hahaha...

Äh... k-kennst du Scatman John?

Ja k-k-klar! Er hat doch g-g-gerade d-d-den Annie Glenn Award gekriegt!
V-V-Von der National Ass-Association of Co-Communicative Disorders in den USA!

Wow, wirklich?
Das klingt ja wwwichtig!

Der M-M-Mann ist ja auch ein Vo-Vo-Vorbild!

B-B-Bist du auch ein F-F-Fan?

Ja schon.
Was i-i-ist dein LLLLLLLieblingssong?

...
...

V. BIG IN JAPAN

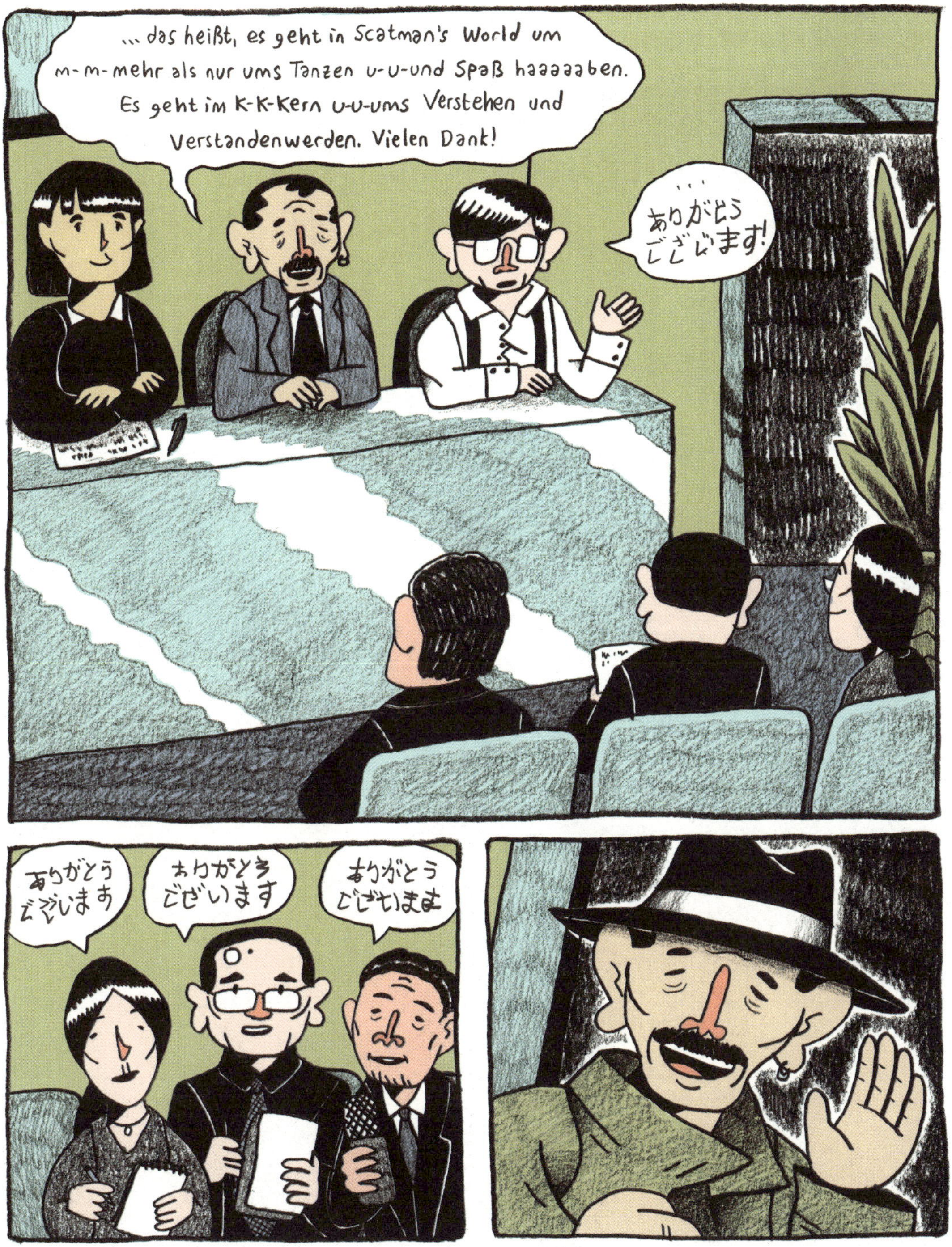

... das heißt, es geht in Scatman's World um m-m-mehr als nur ums Tanzen u-u-und Spaß haaaaaben. Es geht im K-K-Kern u-u-ums Verstehen und Verstandenwerden. Vielen Dank!

... ありがとう ございます!

1998, TOKIO
190
120

SUSUS
SUPE
SCATMAN

SCATMAN'S WORLD
Coco Cola

HAHA
HA!

KLOPF

Komm' rein.

HEHEHE!
HA HA HA!

Darf ich?

Wie
lief's?

Ach, d-d-du kennst doch die Japaner. Sie lieben alles, w-w-was ich sage, haha! Weiß auch nicht.

Du, ich will dich auch gar nicht um deine Abendruhe bringen. Ich hab' neue Zahlen.

Oh b-b-bitte, ich liebe Zahlen, hahaha.

Ich fass' es dir mal zusammen: Wie du sagst, die Leute hier lieben dich. Die neue Single ist direkt auf der 16 eingestiegen. Europa geht so, war schon mal besser...
... und die USA bleiben n' Problem. Vielleicht bringt der Wechsel zum neuen Studio in L.A. was beim nächsten Album.

Ich hab' immer g-g-gern in Deutschland aufge-ge-genommen, weißt du ja...

D-D-Die ganze Nummer hat ja nur angefangen, weil ich KEINE Lust mehr auf die Mmmmmusik-Typen da drüben hatte.

Vie-Vie-Vielleicht müssen wir's je-je-jetzt mit dem Jazz-Album probieren! Ich habe d-d-da ein p-p-paar neue Ideen.

Ich weiß, John, und du kennst meine Antwort: Total gerne. Aber reden wir da nach der US-Tour nochmal drüber, okay? Das wird jetzt echt wichtig.

ウルトラマンが!
愛と勇気と

Sicher, k-k-klar. Old Johnny Boy wird d-d-das schon schaukeln, k-k-kennst mich doch, hahaha!

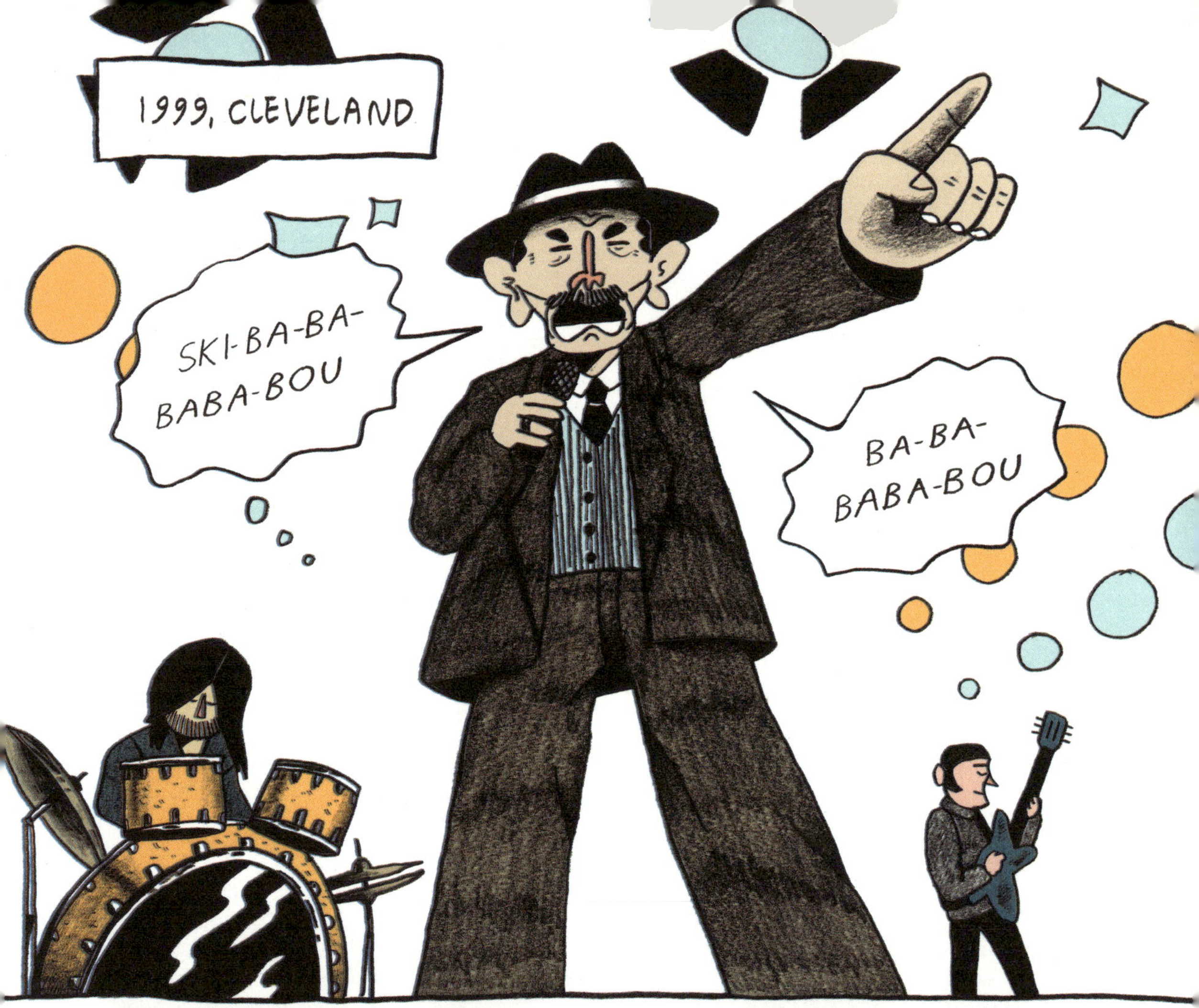

1999, CLEVELAND

SKI-BA-BA-BABA-BOU

BA-BA-BABA-BOU

BA-SUB-BOP-
BI-DA-DAU

BUSA-
BA-
SISA-
BA-
DIBE-
DA-
DAU

SKING-GA-RINGA-
BA-SA-
BA-
DA

BOBBE-DI-
BOP-DAP-
BE-DE-

ITALIA

To thine own
SELF BE TRUE
UNITY
SERVICE
RECOVERY

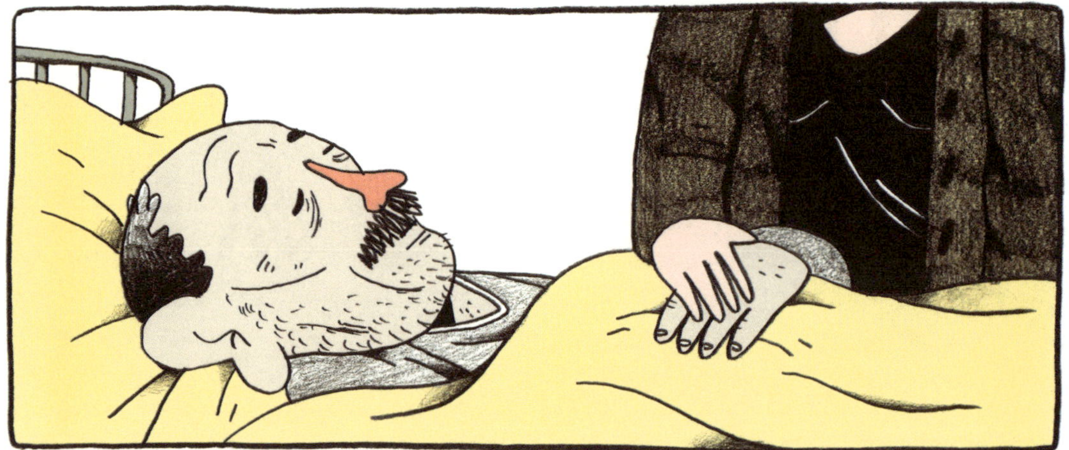

Sie ist
hier!

JOHN!

Oh Gott!
Du! Wieso bist
du-

AHA
HUHÄ

AHÄHÄ
HÄ

Es g-g-geht...
Es g-geht
schon...

W-W-Warum
...
Solltest d-d-du nicht an der Uni sein, K-K-Kleine?

War ich auch... D-D-Dann hab' ich d-d-deine letzten E-Mails bekommen und hab' mein Erspartes in d-d-den nächsten Flug hierhin gesteckt.

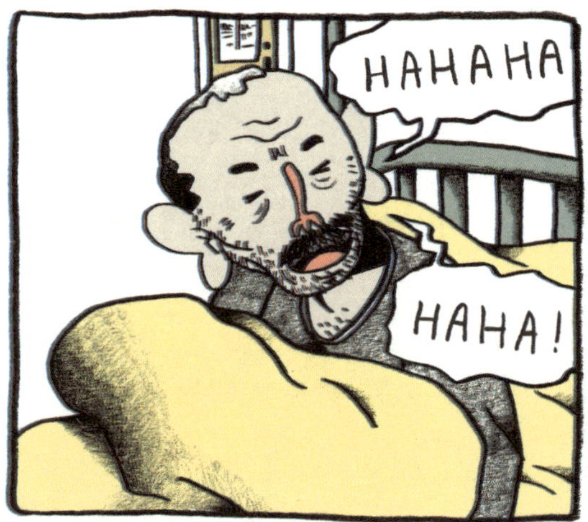
HAHAHA
HAHA!

AHÄHÄ HÄHÄ
ÄHÄ

Oh Johnny!
Seit zehn Ja-Ja-Jahren hab ich k-k-keine einzige Zigarette mmmmmehr geraucht...
Du kriegst den Johnny aus dem Jazz, a-a-aber den Jazz nicht aus dem Johnny, hahaha.
D-D-Dieses Mädel hier liebt m-m-mich zu eintausend Prozent, weil ich ihr verst-st-stottertes Leben gerettet habe, hahaha!

HAHAHA
HAHA
HEHE

Was auch immer G-G-Gott will, ist okay für mich...
Ich hatte d-d-das beste Leben.

Ich durfte wahre Schönheit erfahren.

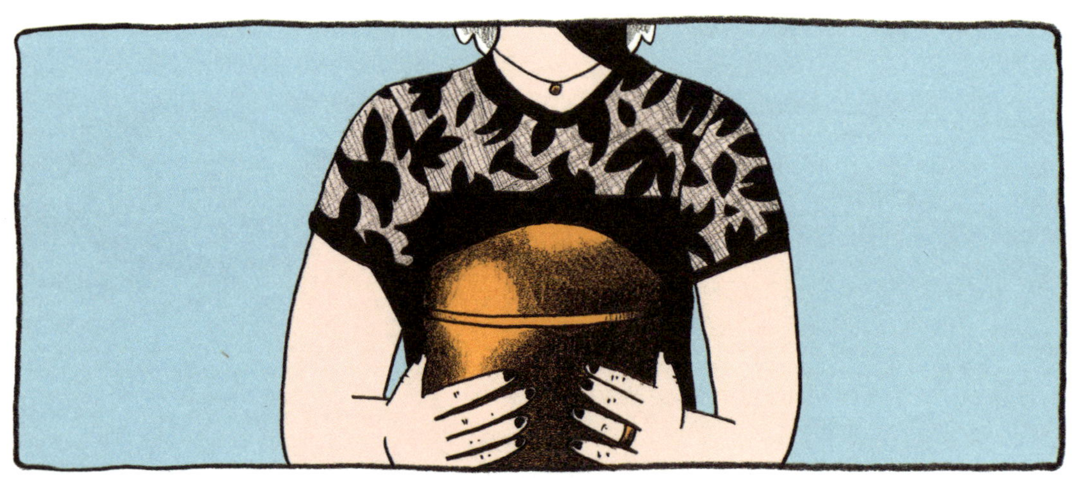

1998 wurde bei John Larkin Lungenkrebs diagnostiziert. Trotzdem ging er noch auf Tour und beendete die Aufnahmen für sein drittes Album „Take Your Time". Die Musik hatte inhaltlich wenig Tiefgang, war oberflächliche Tanzmusik und kein Erfolg. 1999 starb John im Alter von 58 Jahren, nur 5 Jahre nach Erscheinen seiner ersten Single. Er hatte keine Kinder.

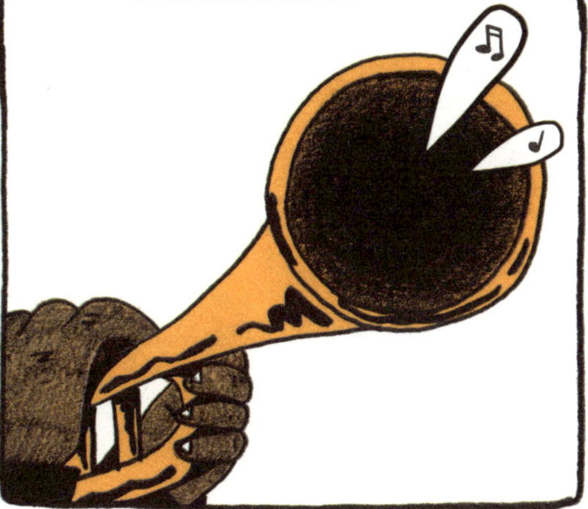

Leave your worries on the doorstep
Just direct your feet
To the sunny side of the street

Can't you hear the pitter-pat??
And that happy tune is your step
Life can be sweet
On the sunny side of the street

Bi-Ba-Du

EPILOG: CHILDREN OF ALL AGES

Crazed Armadillo vor 3 Jahren

This song is so beautiful. It makes me sad that we can't grasp the level of thinking this pure soul can. I think world peace is an option and John Larkin captured that perfectly. Rest his innocent soul in peace.

119 ANTWORTEN

2 Antworten ansehen

Panic Station vor 3 Jahren
„love is not posession"
I've lived by that philosophy
since I heard this song.

30 ANTWORTEN

3 Antworten ansehen

Hottie Thottie vor 2 Monaten
When someone makes music to tell you it's okay and tries to help you it deserves a second thought. John dedicated his life and music to make an impact. And I appreciate that for how much he helps and inspires me. Rest in peace Scatman.

Avexus vor 2 Monaten

I swear scatman john has this infecting positive vibe that i cant feel from any other artist...
i can just sense his passion and enthusiasm, it just emanates so powerfully from his voice. who ever would've thought that a speech impediment, a stutter, would create this incredible unique style? regardless of this hardships, he still trudged forth with a grin on his face and made the best of it, turning his speech disorder into pure talent... i'm almost envious

6 ANTWORTEN

Hera vor 1 Jahr

Damn... I never knew him when he was alive and it's quite painful to discover such a great man when he's already been taken from us, from a stuttering kid to a master of music. Scatman John will forever be...
Scatman John.

139 ANTWORTEN

3 Antworten ansehen

Toe to Tip That's a Bart vor 3 Monaten

Man, this song is just like, positivity incarnate. And it doesn't feel forced. It feels like a friend telling you everything is gonna be okay. It's not preachy, it's loving. It's warm and kind. I'll always appreciate what he did.

Suresh Steven vor 2 Jahren (bearbeitet)
My dad is just a typical hard old folk that just sits on his sofa reading newspaper all day long listening to songs while he doing his work but never actually enjoyed it or showed any sort of reaction to the songs he's listening. His face is like stuck up grumpy serious all the time... never seen him smile for years until this one... man this is the song that actually made him respond to something. This is the song that actually forced him to smile... Wow... this is an amazing song.. so sad that u have left the world real fast. It wasn't ur time to go... mankind needed more of u.... Ur a legend man. May u rest in peace.. I know ur playing ur scats in heaven now.

145 ANTWORTEN

Antworten ansehen

Pudibo

Amazing! I just learned about this man's life and

ABSENDEN

2009 BRELINGEN
BEI HANNOVER

SONATA
ARCTICA

Messenger

hey viktor ich hab grad nen krassen künstler entdeckt
Jeff
14:32

Stottern – ein Blick aus der Sicht eines Betroffenen

EIN WWWORT ZUM GELEIT

„G-g-guten T-taaaa…." – mein Gruß kommt nur undeutlich, gepresst aus meinem Mund. Gebannt schaue ich erst meinen Gesprächspartner an, dann wieder verlegen zur Seite. Ich presse mit aller Kraft, das Wort muss doch gelingen. Aber ich blockiere bei jeder Silbe. Mein Gesprächspartner schaut verlegen zur Seite, er hat mich wohl nicht verstanden und wendet sich dann ab.

Ich stehe an der Theke und möchte Käse kaufen, eine bestimmte Sorte. Die Theke ist hoch, der Verkäufer weit fort, es ist vorweihnachtlich laut im Käseladen, ich stottere pressend meine Bestellung heraus, es gelingt scheinbar, dass er mich versteht. Aber als er mir den Käse aushändigt, nachdem ich bezahlt habe, bemerke ich, es ist nicht der Käse, den ich haben wollte und auch nicht die Menge, die ich wollte. Beschämt gehe ich von dannen.

An diese Szene muss ich wieder denken, nachdem ich einen Vortrag über Zoom für 70 Kolleg*innen über die Neuerungen einer Software gehalten habe, die wir in der Firma einsetzen. Mit viel Freude habe ich vorgetragen und auf Fragen der Kolleg*innen geantwortet. Ich war gut vorbereitet und hatte mir auch ein lustiges Video für den Schluss herausgesucht. Im Nachgang haben sich ein paar Kolleg*innen für den unterhaltsamen Vortrag bedankt.

Vor vielen Jahren wäre das für mich noch undenkbar gewesen. Die Behinderung Stottern kann einem große, schwere Steine in den Weg legen, auch vieles verbauen. Viele wählen einen Beruf, bei dem sie – so die Erwartung – nicht viel sprechen müssen, obwohl die Neigungen doch ganz andere sind. Auch die Partnerwahl kann manche Hürde mit sich bringen. Der erste Reflex ist dann, man möchte „es" nur irgendwie los sein. Nur wie?

In den letzten Jahren ist ein großes Netz an Hilfs- und Unterstützungsmöglichkeiten für Betroffene und Eltern stotternder Kinder gewachsen. Es gibt sehr viele gute ausgebildete Expert*innen, Literatur, Filme und Selbsthilfegruppen Betroffener. Sie können erklären, was Stottern ist, wie es entsteht und wie man es beeinflussen kann. Niemand muss mehr lebenslang unter dem Stottern leiden. Denn Stottern ist eine neurologisch bedingte Redeflussstörung, die keine Rückschlüsse auf Intelligenz oder Charakter eines Menschen zulässt, sich aber gut behandeln lässt.

Man kann hierfür eine Seilschaft mit einem Therapeuten, einer Therapeutin oder einer Selbsthilfegruppe bilden. Man kann erfahren, wie andere mit der Behinderung umgehen und dass man mit dem Problem nicht alleine dasteht, auch wenn es in der näheren Umgebung keine weiteren Stotter*innen gibt. Heute hat man viel mehr Unterstützung, möchte man das Ziel leichter und flüssiger zu sprechen erreichen.

Hierbei hilfreich ist es, den Weg – quasi die Bergbesteigung – vom Ende her zu sehen, man soll nicht vom dem ausgehen, wie es gerade ist. Hier ist träumen sehr hilfreich, das zum Handeln führt. Dabei helfen auch Vorbilder, Vorbilder wie Scatman John. Scatman, mit dem bürgerlichen Namen John Paul Larkin, hat sein Stottern zum Teil seiner Kunst gemacht und hatte damit einen musikalischen Welterfolg. Für einen selbst muss es ja nicht gleich ein Erfolg auf Weltniveau sein! Denn: Wer das Stottern in die Hand nimmt, raubt ihm schon einen Teil seiner Macht über das eigene Leben.

Erhard Hennen

Gründungsmitglied der Stotterer-Selbsthilfe,
ehemals Schriftleiter der Mitgliederzeitschrift DER KIESELSTEIN,
Herausgeber des Buches „Entmachtung des Stotterns"

Danke Annie, Phil, Ingo, Tony, Ilona,
Manfred, Jonathan, Gina, Vivian/Mei, Daniele, Joe,
Sarah, Dominik, Tim, Pia, Kathrin, Ben, Verena &
Comicbuchclub Nürnberg, Professor Ackermann,
Professorin Schenker & Professor Schaden, Ulrike, Erhard &
die Bundesvereinigung Stottern & Selbsthilfe e.V.,
Christopher & Stefan

Copyrightvermerke: